케이브리아

케이발리아

초판 1쇄 인쇄 2009년 8월 25일
초판 1쇄 발행 2009년 8월 30일

지은이 | 최계환
펴낸이 | 金泰奉
펴낸곳 | 한솜미디어
등 록 | 제5-213호

편 집 | 박창서, 김주영, 김미란
마케팅 | 김영길, 김명준
홍 보 | 장승윤

주 소 | (우143-200) 서울시 광진구 구의동 243-22
전 화 | (02)454-0492
팩 스 | (02)454-0493
이메일 hansom@hansom.co.kr
홈페이지 www.hansom.co.kr

값 9,000원
ISBN 978-89-5959-209-8 (03810)

절대적인 홀로 있음

케이발리아

최계환 지음

한솜미디어

❖ 머리말

세상에는 많은 숨은 이인異人들이 있습니다.
그들은 결코 자신을 드러내지 않지만
공기처럼 우리가 편안히 숨쉴 수 있게 하면서
우리의 삶을 유지할 수 있도록 많은 영향을 끼치고 있습니다.
우리와 같은 공간에서 숨쉬고 있지만
그들은 그 자신을 내세우지 않습니다.

세상에 드러난 우리가 알고 있는 지식이든 지혜이든
그것은 빙산의 일부일 뿐이라 생각합니다.
일부의 지식인은 짧은 지식임에도
마치 대단한 것처럼 포장하여 혹세무민하기도 하고
일부의 지식인은 스스로 혹은 사회적인 부추김에 의해
잘났다 으스대지만 그것은 별別 것이 아닐지도 모릅니다.

저 또한 저의 짧은 앎이
별別 것이 아니라 생각합니다.
이 모든 지식이든 지혜이든
그것은 주위의 자연이 항시 우리에게 가르쳐 주는 것입니다.
저 또한 자연이 보여주는 그것을 일부 취했을 뿐입니다.
그리하여 이 글을 씀에 있어
부끄러운 마음이 바탕에 있음을 말씀드립니다.

드러내지 않는 그리하여 보이지 않는 그분들이
넓은 아량으로
저의 짧은 앎을 양해해 주실 것을 부탁드립니다.

최계환

❖ 목차

01 출근과 귀가 : 삶과 죽음

가장 쉽게 표현해 보자면
삶이란
직장으로 출근하는 것이며
죽음이란
일을 마치고 직장으로부터 집으로 다시 돌아오는 것이
아닐까 싶다.

대부분의 사람들은
직장생활에 만족하지 못하여 수많은 갈등과 번뇌에 괴로워하면서
툴툴대면서도 먹고 살기 위하여 그 직장을 다닌다.
당일의 일이 잘되고 못되고를 떠나
그날 자신에게 주어진 일을 마치고
퇴근시간이 되면 집으로 돌아간다.

어떤 이는
예상치 못한 사고와 질병 등으로 일찍 집으로 돌아가기도 한다.

어떤 이는
독립적이고 자의적인 사고를 통하여
일반적인 직장의 틀에 매이지 않고
일반 직장인들이 추구하는 일반적이고 세속적인 가치와는 다른
보다 차원 높은 가치를 추구하여
가슴 한가득 뿌듯함을 안고
당일의 일을 마치고 집으로 돌아가기도 한다.

죽음!
그것은 미지세계로의 여행이다.
그의 가진 것이 많든 적든
그의 사회적인 신분이 높든 낮든
그의 성별이 어떠하든
그의 나이 또한 어떠하든 상관없이
너무나 당연히 누구나 가야 하는
가게 되는 여행이다.
태어남에는 빈부귀천과 성별로 불공평한 차이가 있었을지라도
죽음에는 모든 것을 배제한 공평함만이 있으며
특별한 여행준비가 필요 없고

단지 그 죽음이라는 미지세계로의 여행을 위한
영혼을 맑게 한 마음가짐만 있으면 될 뿐이다.

휴가 때 우리가
언젠가 가보고자 했던 곳에 대한 기대감을 가지고 떠나듯이
죽음 또한 전혀 생소한 가보지 못한 장소로의
기대감을 가지게 만드는 여행이다.
그러나 일반 여행과 다른 점은
누가 그곳을 다녀와
그곳이 어떠하다고 일러주는 사람이 아무도 없으므로
우리는 그곳에 대한 정보를 구하지 못하고 떠나야 한다는 것이다.
즉 미지의 장소, 미지세계로의 여행인 것이다.
죽음은 단지 미지세계로의 여행일 뿐인 것이다.

그러나 어리석거나 깨우치지 못한 많은 사람들은
육신이 죽음으로 인해 그것이 마치 종말인 것처럼 생각한다.
우리가 여행을 떠날 때 인생의 종말로 생각하는가?
이 미지세계로의 여행은
육신을 버리지 않고는 결코 갈 수 없는 여행이자 또한 여행지이다.

우리는 잠이라 부르는 일종의 죽음의 세계를 매일 경험한다.
그러나 다음날 새로운 삶이 시작될 것임을

누구도 믿어 의심치 않는다.
아주 특별한 경우의 몇몇 사람들을 제외하고는.

이처럼 죽음의 형태는
우리와 매일 살을 맞대며 살아있는 그 자체인 것이다.
이 잠자는 시간을 조금 길게 늘인 것이
이른바 우리가 말하는 일반적인 죽음일 것이다.
죽음은
생과 항상 동거하며 평행선상에 있는 건너편의 세계
또 다른 장소
가야 하고 그래서 필히 가게 될 곳
전前에 생生이라는 장소에 같이 살던 이웃들이 이사 간 곳
혹은 여행을 떠난 장소인 것이다.

죽음은 기대감을 가지게 만드는 미지의 여행지이자
또한 여행인 것이다.
그곳으로 떠났던 사람들이 다시 돌아와
그곳은 어떠하더라고 결코 전해지지 않는 미지의 여행지인 것이다.
그리고 내가 간절히 만나고자 했던 사람들
역사 속의 인물들
나의 조상들
먼저 간 나의 가족들이 사는 곳이다.

그러나 한편 죽음의 보편적인 긍정적 개념은
탐욕스럽고 어리석은 이들에게 경외심을 불러일으켜
이 사회를 유지하기 위한 확실한 안전장치의 역할을 한다.
만약 인간이 영원히 죽지 않고 살 수 있게 된다면
그들이 보지도 못한
또한 보이지도 않는 신이라는 존재를 과연 추종할 것이며
그리하여 나은 내세를 위해 죄짓지 않고 산다고
그 누가 장담하겠는가.
그러나 죽음은
빈부귀천에 상관없이 공평하게 때가 되면 찾아와 그들을 데려가니
이 얼마나 치우치지 않음인가.
또한 죽음이 있음으로 해서
삶의 가치가 더욱 빛나니
이것 또한 삶에 대한 죽음의 음우陰佑인 것을.

누군가 세상을 떠나면
누군가 죽게 되면
우리는 돌아가셨다고 말하지 않는가.
죽음은
원래 왔던 곳으로 돌아가는 것이다.

02 사랑 1 : 사랑의 일반적인 개념

상대의 관심사이거나
환경적인 상태이거나
심리적인 상태 등등을 염두에 두지 않거나 배려하지 않고
오로지 자신의 필요와 자신의 관점에서 비롯된
욕구의 갈증해소를 위해 발동되는
자신의 입장에서만 생각하는 사랑이라 부르기 껄끄러운 사랑은
그것이 육체적인 바람에서 비롯됐든 심리적인 요소에서 시작됐든
행동이나 말로써
대상에 자신의 의지를 인위적으로 투사시키고자 하는
일종의 폭력이거나 자신의 이기심일 뿐
결코 사랑은 아닐 것이다.

대상을 존중하여

대상 스스로가 원하거나 선택할 수 있는
자연적인 상태의 행복을 위한 것이 아니라면
그것은 결코 사랑이라 불릴 수 없을 것이다.

사랑이란
아무런 조건 없이 대상에게 주는 것이거나
서로 공유하는 것이어야지
대상으로부터 빼앗거나
일방통행식의 동의 없이
그 세계를 침범하는 것이 되어서는 안 될 것이다.
대상에 대한 존중을 바탕으로 한 이타심이 없다면
그것은 결코 사랑이라 불릴 수 없을 것이다.

부부 간의 애정이거나
친구 간의 우정이거나
연인 사이의 연애이거나
사업적인 파트너 사이이거나
모든 인간관계에서 발생되는 대부분 트러블의 핵심은
소위 자신만의 작은 영토라 불릴만한 상대의 개성과
상대가 하고자 하거나 바라는 것을 무시하고
자신의 의지를 상대에게 강하게 요구하거나 투사시켜
상대의 심리적인 영역을 강제로 침범하여

결국 그 상대의 개성과 심리적인 방어선을 무너뜨림으로 해서
발생되는 것이리라.
일시적으로는 한쪽이 승리를 쟁취한 것으로 보일 것이나
상대를 존중하지 않고 얻은 승리라면
그것은 적을 상대로 전장에서 얻어진 승리이지
사랑을 바탕으로 한 것이 결코 아니며
그것은 다음의 전쟁을 위한 화근의 불씨를 남겨두는 것일 뿐.

03 사랑 2 : 공기와 남녀 간의 사랑 이야기

산을 찾았다.
대부분의 산이 그러하겠지만 공기가 너무나 깨끗하다.
우리는 탄성을 내지른다.
"아! 공기 좋다.
역시 좋은 공기, 신선한 공기는 산에서 맡는 것이 최고야!"
그리고는 어느 정도의 시간이 지나 계곡 물소리
산들바람에 팔랑이는 나뭇잎과 동화된
청정한 공기가 귀와 코를 건드리면 다시 한번
"아! 공기 한번 참 좋다! 바람소리 좋고, 물소리 좋고…"
대충 이 정도 탄성 두서너 번이면 이곳은 정말 공기 좋은 곳이다.

요즈음의 부부 혹은 연인들은
우리가 언제부터인가 서양 사람이 된 양

매일 아니 틈만 난다면 “자기, 사랑해!”
“Honey, I love you!”라는 소리를 듣고 싶어 한다.
연애 초기에는
결혼 초기에는
나를 그렇게 사랑한다고 매번 매일 그렇게 말하더니만….
물론 대부분의 경우 여자 쪽에서 듣고 싶어 하는 말이겠지만.
이 국제화시대에 어떤 무식쟁이가 감히
‘서양 사람이 된 양’이라는
고리타분한 문구를 쓰는 작자가 있냐고
대뜸 눈초리를 치뜰 수도 있을 것이다.

산을 찾았을 때의 좋은 공기와
남녀 간의 사랑에 대한 연관성을 살펴보자.
“자기 사랑해!”
좋다.
나는 너를 사랑한다는 일반적인 표현이다.

공기가 너무 좋아 탄성을 한 번 더 지른다.
“자기 너무 사랑해!”
많이 좋아하는구나.

한 번 더 지르자, 공기가 너무너무 좋으니까.

"자기 너무너무 사랑해!"
이건 좋아 죽을 지경이다.

산을 찾았을 때
산의 공기가 좋다고 우리는 매번 수십 번씩 외쳐대지는 않는다.
한두 번은 입으로 되뇌되
그 이후로는 피부로 가슴으로 그 청량한 공기의 느낌을 음미한다.
입으로만 자꾸 좋다고 떠들어 대면
오히려 그 좋은 느낌이 반감하는 것 같다.
남녀 간 사랑의 감정과 느낌의 교류도 이러한 것이 아닐까?

가끔씩 접하는 청량한 공기는 좋다는 느낌이
후각과 피부로 확 와 닿는다.
그러나 그 좋은 공기 속에서 매일 살면서 평생을 하는 사람이라면
첫 느낌을 가졌을 때와 느낌이 똑같지는 않을 것이다.
그것은 그의 느낌이, 마음이, 의식이, 자각상태가
너무 익숙해져서 무뎌진 것이리라.
그럼에도 확실한 사실 하나는
공기는 예와 같이 여전히 좋다는 것이다.

처음에는 그렇게 좋다고 외쳐 대던 공기의 상쾌함을 까마득히 잊고
인생살이에 너무 찌들어 감정의 관리를 포기한 거의 방치상태로

"자기 사랑해!"라고 하던 감정은
오히려 "저 죽일 놈의 인간!"이라는
서로 만나지 않았으면 더 좋았을 감정을 훨씬 넘어선
오염된 감정으로 부패해 버리게 된 것이다.
자신의 관리는 하지 않은 채 상대를 원망하고 질타하면서
진정한 사랑의 의미를 모르면서 서로를 질시한다.
자신과 상대를 아우르는 서로에게 좋은 공기를
왜 예전처럼 주고받으면서 느끼지 못하는 것일까.

공기는 여전히 좋은데
본인 스스로를 너무 방치하여
자각하는 우리가 너무 무뎌 있거나 자기 성찰이 부족하다면
자신과 상대를 다시 한번 돌아볼 일이다.
예전의 그 첫 느낌을.

"아! 공기 좋다~"
"역시 공기는 산에서 맡는 이 냄새와 이 느낌이야!"

04 사랑 3 : 상처에 관하여

일생을 살다 보면
우리는 자신의 부주의로 인한 것이든 타인에 의한 것이든
예상하지도 못한 정신적인 상처를
서서히 혹은 돌발적으로 받게 될 경우가 있다.
이 마음의 상처는
대부분 사람들의 경우
자신을 이해해 주는 교감할 수 있는 사람과
속내를 터놓고 같은 공간과 시간을 보내면서
대화로써 치료하고 아물게 하려 할 것이다.
그 상처의 깊이가 심하다면
정신과 의사의 전문적인 상담과 약물치료 등을 통하여
치료받기도 할 것이다.

여하튼 세월이 지나면서 상처는 아물게 마련이다.
그리고 주위 사람들의 눈에는
상처받은 이들의 모든 것이 회복되었다고 보일 수도 있을 것이다.
그러므로 그들은
상처받기 이전의 그처럼
대수롭지 않게 대하게 될 수도 있을 것이다.
그러나 사실 상처받은 이들은
그들의 마음속 어딘가에
결코 지워지지 않을 흉터를 가지고 있는 것이다.
비록 외관상 그들이 치료되었다고 보일 것이나
그들은 상처받기 이전의 상태로는 결코 되돌아갈 수 없는 것이다.
되돌릴 수 없는 것이다.
목소리나 얼굴은 과거의 그일지 몰라도
그는 상처받기 이전의 그가 결코 아닌 것이다.
유행가 가사처럼 아픈 만큼 성숙해졌거나
아니면 외곬수의 의식 같은
편향된 사고를 가지게 됐을지도 모를 일이다.

따라서 과거에 상처받은 이들을 대할 때는
좀 더 신중하게 단어를 선택해야 할 것이며
또한 과거와는 약간 혹은 많이 달라진
그의 정신상태거나 행동에 대해서도

깊은 관심과 애정으로 어루만져 주어야 할 것이다.
그것이 그에게 해줄 수 있는 인간적인 배려가 될 것이며
그래야지만 그와 제대로 소통할 수 있지 않을까 싶다.

05 출세 : 산을 오르는 사람들에 대한 제언

청각장애를 유발하고도 남음이 있을 혼재된 도시의 소음들
자동차 똥구멍에서 뿜어대는 매캐한 냄새와 연기가
도시 전체의 대기를 형성하여 매일 조금씩 기관지를 오염시키고
무엇이 그리 바쁜지 하늘 한번 올려다볼 여유조차도 없는
급하고 팍팍한 마음가짐으로
쫓기듯이 열심히 하루하루를 살아가고 있음에도
평생직장이란 말은
마치 선사시대에나 있는 사실쯤으로 기억해야 할
머나먼 과거가 돼버린 우울한 현실.

더더구나 과외니 수능이니 등등의 어려운 과정들을 거치면서
부모의 등골을 휘게 만들어 가며
어렵사리 입학한 대학을 졸업해도 직장을 구할 수 없어

청년실업자
혹은 취업 재수생
혹은 취업 삼수생 등의 말이 일상의 언어가 돼버리면서
꽃봉오리를 막 피우려는
20대 초반 젊은이들의 자살 소식을 접할 때
깊은 비애를 느끼게 된다.

콘크리트의 장막으로 둘러쳐진 회색빛의 도시라는 울 속에 갇혀
짝과 새끼들을 거느린 수컷들 혹은 암컷들은
자신의 배고픔을 해결하고 새끼들의 양육을 위하여
야성의 울부짖음을 억누른 채
수렵이라는 이름으로
정해진 사냥터로 매일 오고 가고, 가고 오고 한다.

반복되고 변화 없는 건조한 일상
그리고 강팍한 현실들과 생활고로 찌들어
무표정하게 굳어버린 도시인들의 얼굴을 피해
잠시나마 도시 탈출을 시도하려 한다.
방랑시인 김삿갓이 먼 길을 떠날 때의 차림새인 양
삿갓 대신에 등산모를
세상의 근심을 다 떨어낸 것 같은 결코 무겁지 않은
등에 덜렁 걸린 배낭, 원색의 조끼, 질끈 동여맨 신발 끈

약간은 들뜬 기분, 일상을 벗어난다는 가벼운 마음으로
산행을 떠난다.
정신적인 자유로움을 느끼기 위해
홀가분한 마음으로 떠나는 산행도 있을 것이지만
대부분의 사람들은 건강하게 살기 위하여
육체 건강을 위해서라는 이유가 주가 되는 것 같다.
이러한 산행은 결국은 정상 정복에 목적을 둔 산행이 될 것이다.
그리하여 차츰차츰 산행의 횟수가 많아지면서
등산 전문가도 아닌데
얼마나 빨리 정상에 오를 수 있나 하는 형태의
목숨을 건 듯한 산행으로 바뀌어 가기도 한다.
그렇다면 이러한 형태의 산행에서 얻어지는 것은 무엇일까?

산 속에 배치된 다양한 종류와 다른 모양새의 나무들
새들의 지저귐
계곡 그리고 계곡과 어우러진 계곡의 물 흐름 소리
바위 하나
자주 접하지 못하는 이름 모를 들꽃들
침엽수림의 진한 향내 등을 스치듯이 지남으로 해서
가슴 깊이 느끼지 못하고
정상에 올랐다는 것이 목적이 되는 산행.
그리고는 하산 시 산의 초입에 있는 대폿집에서

막걸리 몇 잔과 도토리묵 내지는 부침개 한 장으로
자축연을 하는 것 같은 풍경.
산행, 정확히 말해 정상을 정복하고 난 뒤
마시는 막걸리 한 사발의 맛은
일상의 그것과 느낌이 많이 다를 것이다.
약간은 주기가 오른 얼굴로
각자의 집으로 돌아가기 위해
삼삼오오 대중교통 수단을 이용하려 한다.
주기가 확 달아오른 얼굴로 역한 술 냄새를 풍기며
버스나 지하철 내에서 떠들어 대고
삐딱하게 앉은 자세로 다리를 쭉 뻗은 채
좁은 통로를 어지럽히며 타인을 전혀 배려하지 않는
무례함을 스스럼없이 드러낸다.
더하여 전화를 먼저 건 것인지 아니면 온 것인지
상대편에게 왜 이번 산행에는 참석을 하지 않았냐는 둥
그리고 귀한 버섯 하나를 캤다는 둥의 소리로 떠들어 대며
주위의 시선은 아랑곳하지 않는다.
마치 세상을 다 얻은 것인 양 그렇게들 떠들어 댄다.
이러한 형태의 산행은
꼭대기만 갔다 왔지 특별히 머리에
그리고 가슴에 깊이 남는 것은 없을 것이다.
단지 체력적으로는 조그마한 성과가 있었을까.

세밀히 말해
폐활량의 증가와 아울러 근육의 강도는 어느 정도 증가됐을 것이다.

우리의 교육도 이와 별반 다르지 않을 것이다.
중 · 고등학교의 일상적인 시험이나 대학입시를 위해
어떤 작가가 쓴 어떤 소설의 제목
어떤 음악가가 작곡한 어떤 음악의 제목 등등을
줄줄 외우기는 하나
그네들이 실제로 그 소설을 읽거나
그 음악을 제대로 들은 적은 많지 않을 것이다.
단지 시험을 위해 줄줄 외워 대기만 할 뿐이다.
그리하여 시험이 끝난 후에는
소설이든 음악이든 그것은 이미 마음을 떠나 버리게 되는 것이다.
산을 오르는 사람들이 꼭대기에 올랐었다는
그것 하나와 과정에서 얻게 되는 체력의 증가
세밀히 말해 근육의 강도만 증가된 것처럼
그들도 그렇게 익숙해져 가는 것이다.

그 산이 품고 있는 많은 것들이 무엇이며
그 산이 주는 섬세함과 편안함과
무언으로 전해지는 그 무엇에 깊이 관심을 가지지 않는 것이다.
되도록 빨리 정상에 오르고 빨리 내려와

산의 초입에 있는 주막에서 막걸리 한 사발을 들이키면서
세상을 다 얻은 것인 양 뿌듯해 한다.

히말라야의 고봉을 오르는 산악인들의 경우
일정 고도 이상에서는 누구나 고소증이란 것을 겪게 된다.
그리하여 그들은 고도에 신체를 적응시키기 위하여
일정 고도에서 며칠씩 머무르며 고소적응기간을 갖게 된다.
일부의 사람들은 이 일정 고도 이상에서 적응하지 못하고
신체적 고통을 겪게 되는 고소증세를 겪으며
그리하여 심한 경우 뇌에 물이 차는 뇌수종
폐에 물이 차는 폐수종 등의 심각한 질병으로
사망에 이를 수도 있다고 한다.
이러한 경우 어떠한 약도 어떠한 치료법도 통하지 않고
오로지 고도를 낮추는 것만이 유일한 치료법이 되는 것이라고 한다.
그리고 고소에 적응한 이들일지라도
서서히 고도를 올려야만
신체에 무리가 가지 않고 적응하게 되는 것이다.

이와 연관지어
우리가 살고 있는 인간사회의 현실은 어떠한지 살펴보자.
한마디로 인간사회에는
고소적응기간을 거치지 않으면 겪게 되는 고소증이란 것이

무시되는 경향이 있는 것 같다.
아니 무시되지는 않는다고 하더라도
뭔가 부자연스럽고 불공평하고 불균형 상태의
적응기간을 거치는 것이 아닌가 느껴진다.
그리하여 엘리베이터식의 수초 내 수직급상승을 하더라도
고소증세를 느끼지 못하고 자신이 바라던 고층의 위치에 도달한다.

대부분의 경우
우리들 중 대다수의 사람들은
그러한 고소증세를 느끼지 못하는 이들을
오히려 목표의 대상으로 삼거나 추종하는 것이다.
과정보다는 결과를 중시하는 간특함과 경박함을 드러낸다.
그러나 고소적응기간을 거치지 않고
돈이든, 명예든, 신분이든 수직상승한 이들의 말로를 보면
그 뒤가 결코 좋지 않음을 보게 된다.
그리하여 좋은 결말을 바라며 일정 고도를 넘어서려고 한다면
서서히 고도를 높여가야 할 것이고
일정 고도에 이르러서는 더 높은 고도에 오르기 위해
그 고도에서 일정 기간 동안 적응기간을 가져야만
후에 몸에 무리가 오지 않고
바라던 정상에 다가갈 수 있는 것이 아닌가 싶다.
물론 아무나 정상에 오를 수 있는 것도 아니며

기후와 여러 조건 등이 그를 따라 주어야 하는 것이다.

침엽수가 총총히 들어선 숲 속에서
코 평수를 최대한 넓혀 공기를 한껏 들이키며
두 팔을 벌린 채 영화의 한 장면처럼
한 바퀴 빙그르르 돌아보기도 하고
보일락 말락 한 들꽃에 코를 처박고
어떻게 이렇게 앙증맞게 생길 수 있을까 하며 보기도 하고
계곡에 발을 담그고서
간간이 부는 바람에 나무 잎사귀가 흔들리며 내는
사르륵사르륵 소리를 들으며 생각에 잠겨보기도 하는 등등
자연이 배치한
자연이 주는 이런 섬세함과 무언의 제스처를 느끼지 못하고
산꼭대기 오르는 것에만 연연해하는 이들을 보면 아쉬움이 남는다.

그들의 산행목적과 산행과정이
그들이 세속에서 살아가는 모습과 너무나 흡사하기 때문이다.
차라리 정상에 연연해하지 말고 주위에 널린 자연을 완상하면서
자연이 주는 것
자연으로부터 뭔가를 느낄 수 있는 마음을 가지게 되기를.
그리하여 남들이
그것은 등산이 아니라

산보라고 부른다면 그렇다고 답하면 될 것이다.
굳이 산꼭대기에 올라야만 등산의 맛과 의미가 살아난다면
나는 차라리 등산이라는 것을 포기하고 자연을 완상하면서
보고 느끼고 배우며 즐기는 산보라고 불리는 것을 택하겠다.

인생의 의미가
출세의 의미가
단지 빨리 산꼭대기에 오르고 빨리 내려와 이후 느긋한 마음으로
막걸리 한 사발을 들이키는 것으로 자족하는 것이라면
나는 기필코 단언하건대
그것은 출세의 의미
인생의 의미
나의 존재의 의미를 진정 모르는 어리석은 자들이라고 말하고 싶다.

06 명예

봉황은 아무 나무에나 내려앉지 않는다.
벽오동만이
유일하게 봉황이 쉴 수 있는 곳이다.

구만리장천을 나는 대붕이 날개를 접을 때는
그의 목숨을 거둘 때뿐이다.

불사조는 자신의 몸을 불태워 없앰으로써
다시 태어난다.

이 세상의 사람들에게
미래의 비전과 희망의 메시지를 던져 주려 했던
그러나 시대를 잘못 만나 꿈을 펼치지 못해 피를 토하며

일찍 스러져간 이상주의자들이 꿈꾸던 새로운 세상과
그들의 진정한 명예를 다시 한번 추모하며.

창천은 이상주의자의 도화지
구름은 이상주의자의 수채화
미풍은 이상주의자의 산책
맑은 바람소리는 이상주의자의 속삭임.

안개는 이상주의자의 고뇌
천둥소리는 이상주의자의 포효
비는 이상주의자의 눈물
번개는 이상주의자의 승천 전용차.

07 고양이와 개 : 이익 혹은 권력

고양이라는 짐승은 자기의 주인을 모르거나 무시한다.
혹 안다고 하더라도 개처럼 주인에 대한 충성심이 전혀 없다.
주인에 대해 전혀 아랑곳하지 않는다.

반면 개는 멀리서 다가오는 주인의 냄새라도 맡게 되면 짖고
그 주인이 가까이 왔을 때 꼬리를 치며 반가워한다.
그리고 주인에게 안기려 하며 아양을 떤다.

그러나 고양이는 주인이 부르든 말든 전혀 신경 쓰지 않으며
주인에게 스스로 다가오는 경우는 먹이를 취하기 위함일 뿐이다.
주인이 고양이를 억지로 붙잡아 매만지려고 할 때만
고양이의 털을 만질 수 있다.
혹자는 이러한 고양이의 특질을 보고

개와 다르게 도도하다고 찬양하기도 하였다.

인간들 중에는 고양이와 같이 도도한 척
혹은 고고한 척
혹은 자존을 지키는 척하는 부류들이 다수 존재한다.
그러나 내심으로는 먹이라 부를 수 있는 이익이 있다 싶으면
언제 그랬냐는 듯이 재빠르게
그 주인이라 부를 수 있는 자에게 다가가
자신의 몸을 맡기며 충성스런 애완용 동물인 양 탈바꿈한다.

인간들 중에는 도도함 혹은 고고함 혹은 자존은 아예 내다 버린 채
개처럼 이익을 줄만한 주인을 향해 꼬리치며 몸에 달라붙어
대놓고 아양을 떨며 충성스런 애완용 동물로 바뀌는 부류들이
다수 존재한다.

속셈을 감춘 고양이의 특질을 가진 다수의 인간들이
속셈을 아예 드러낸 개의 특질을 가진 다수의 인간들이
이익 혹은 권력이라는 먹이만을 위해
호시탐탐 기회를 노리며
주인의 눈치를 살피며
그들의 시간을 기다리고 있음이 너무나 번연히 드러나 보인다.

08 돈 1 : 삶의 무게

직장이라는 전선의 점호시간에 제때 도착하기 위해
때론 종종걸음을 치기도 하고
때론 뛰기도 하며
어깨와 몸을 서로 부닥치는 북적이는 인파의 물결을 헤치고
겨우 벗어났나 싶었는데…
또다시 조금의 틈만 있어도 그곳을 비집고 들어가
겨우 몸을 실어 놓아야만
쇳덩이를 최대한 늘일 수 있을 만큼 늘여놓은 것 같은
전깃줄에 팔을 건 지하철이란 무심한 쇳덩이는
무거운 몸으로 낭랑한 여자의 목소리와 함께 출발을 알린다.

아침 출근 때와 저녁의 퇴근 때, 시간만 다를 뿐
하나의 오차도 없이 이러한 풍경은

주중에 틀림없이 그대로 재연된다.
아침의 사람들의 모습은 활기차고 전투적이며
약간의 살기마저 느껴지나
저녁 퇴근 때의 그들의 모습은 약간은 지치고
약간은 여유롭게 보이기도 하고
약간의 사람들은 또 다른 약속을 위해 종종걸음을 치기도 한다.

이렇게 종종걸음에 내몰리던 지하철도
한낮에는 충분한 여유 공간과 얼마 되지 않는 승객들을 실은 채
언제 그랬냐는 듯이 오수를 즐기는 사람처럼
느긋함과 여유로움마저 느끼게 만든다.
한여름 수백만의 인파가 들끓던
유명 피서지의 백사장과 같이 살과 살을 부비며 북적대던 곳이
마치 철 지난 바닷가의 공허함이 느껴질 정도의 한산함이 느껴지는
한가로운 시간의 오후 한때.
지하철 레일의 부드러운 덜컹거림에 장단을 맞춘 채
몸도 그 장단에 맞춰 공진을 하며
눈꺼풀이 천근만근 느껴지며 졸음이 쏟아지나
행여 목적한 역을 놓칠까봐 조는 것인 양 마는 것인 양
눈꺼풀과 의식을 조절하고 있다.

이때 정면의 지하철 문이 확 열리며 한 남자가 들어선다.

검은 양복을 입은 중간 키 정도의 깔끔한 외모
30대 중반의 남자가 손수레를 이끌며 등장한다.
그는 주위를 잠시 둘러보고는
손수레의 간단한 채비를 능숙한 솜씨로 재빠르게 푼다.
승객들에 대한 가벼운 인사와 죄송함을 전한 후
1960~1980년대에 유행했던 흘러간 팝송 중의 하나였던
Words, Top of the World 등의 음악을 들려주며
유명 H미디어의 제품임을 소개한 후
CD 6장 1세트를 만원에 모시겠다며 깍듯한 인사를 잊지 않는다.
학창시절 유행했던 그 음악을 들으며
잠시나마 과거의 추억을 떠올리며 회상에 잠겨본다.
약간은 크게 튼 음악으로 인해 그가 가까이 있음에도
정확히 그가 뭐라고 하는지는 몰라도
그의 행동을 예의 주시하고 있다.

그의 행동과 외모를 찬찬히 살펴보니
다른 곳은 흠 잡을 데 없이 깔끔함을 유지하고 있으나
그의 신발만은 전혀 그러하지 못하다.
여러 사람들에게 밟히고 짓눌려 납작해지고
여러 다른 형태의 신발자국이 난 그의 피곤해진 구두코.
그의 깔끔한 복장과 준수한 외모와
예의 바르고 정연한 말솜씨와는 전혀 상반된

피곤에 찌들 대로 찌든 그의 구두가
그의 피곤한 일상을 대변해 주는 듯하다.

이때 누군가
"지하철 내에서는 물건 못 팔게 되어 있잖아요!"
악을 쓰며 질러대는, 약간은 들떠서 흥분되고 취한 듯한
어느 중년 남자의 목소리에 갑자기 꿈을 깬 듯하다.
그는 즉각적으로 점점 줄어드는 목소리로
"미안합니다~" 정중하게 사과한 후
그 중년 남자의 고함소리에도 불구하고
음반을 승객들에게 소개한다.
그러나 음반을 든 그의 손놀림은
이전과 다르게 망설임과 부끄러움이 깃든 약간의 어색함이 비친다.

그의 전직은 무엇이었을까?
지금은 잡상인 취급을 받는 그는
과거의 그를 떠올리며 무슨 상념이 스치고 있을까?

나는 그의 이후 행동이 어떠할까 싶어
그의 일거수일투족을 놓치지 않으려 집중한다.
중년 남자의 호통에 머쓱해진 그 자신을 감추려 애쓰는 듯하였으나
나는 그의 상기된 귓불과

서먹해지고 부끄러워진 자신을 감추기 위하여
애쓰는 그의 모습을 볼 수 있었다.
그러더니 승객들에게 돌리려던 음반을 주섬주섬 정리하더니
다시 손수레에 싣고서는 잠시의 머뭇거림을 보인다.
초점을 잃어버린 그의 당황되고 머쓱해진 눈빛.
음악에 맞춰 어색하게 오른손으로 허벅지를 몇 번 두드린 후
초라해진 자신을 다시 한번 되뇌는 듯하다가는
손수레를 끌고 힘없이 다음 역에서 내린다.

그는 과연 오늘 몇 장의 CD를 팔았을까?
6장 1세트라도 팔았을까?
이 시간 이후 몇 장을 더 팔 수 있을까?
최소한 오늘 그의 밥값은 벌었을까?
그는 굶을 수 있을 것이나 그의 아내와 자식들은
오늘 그의 노력으로 인해 한 끼 식사를 해결할 수 있을까?
전기료, 수도요금, 전화료 등의 공과금은 벌 수 있을까?
그의 어린 자식의 유치원비는 벌 수 있을까?
만약 그에게 갓난아이가 있다면
그 비싼 분유 한 통 값이라도 벌었을까?
만약 오늘 1세트의 CD도 팔지 못한다면
그는 어떠한 마음가짐과 얼굴로 그의 가족을 대할 수 있을까?

나는 그의 서늘하고 초라해진 등
그의 어린 자식처럼 이끌려 가는
갑자기 무게를 더한 것 같은 그의 손수레
신발에 도리어 끌려가는 듯한 그의 힘없고 무거운 발걸음에서
오늘을 살아가는 모든 중년 가장들의 무거운 삶의 무게를 느낀다.

09 돈 2 : 숫돌

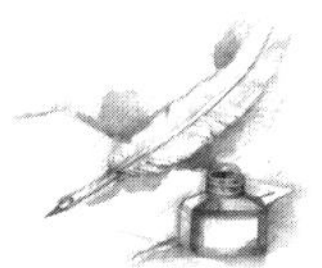

우리는 돈으로 인해 친구를 배신하기도 하고
자신의 양심을 팔기도 하고
명예와 자존自尊을 버리기도 하고
인간으로서 해서는 안 될 숱한 행동들을 하게 된다.

깨우치지 못한 인간들
인간의 진정한 삶과 가치를 제대로 알지 못하는
어리석은 대다수의 이들은 돈의 진정한 가치를 모른다.
돈은 일상의 생활을 편리하게 만드는 아주 유용한 기능도 있지만
어리석은 이들에게는 그것이 자신을 내세우고
어깨에 힘주게 만드는 것의 대표적인 상징물이자 유혹물이다.

머리에 든 것은 제대로 없는데

명품 옷과 명품 구두, 최고급 외제차 등을 끌고 다니며
자신을 과시한다.
항상 그렇지만은 않겠지만
겉을 치장하는 데에 많은 돈과 시간을 할애하는 이들을 보면
과시욕이 속을 꽉 채우고 있거나
자신감이 없거나
머리가 빈 이들이 대부분이다.
그를 아는 다른 사람들은
칭찬할 것 없는 텅 빈 머리의 그를 보고
그의 명품만을 칭찬한 것인데
정작 본인은 어리석고도 어리석게 자신을 칭찬한 것인 양
우쭐대며 착각하고 있다. 돼지 목에 진주를 두른 꼴이다.
그가 상대로부터 진정 들어야 할 말은
"아주 비싼 옷이네요", "정말 고급차군요" 등의
낯간지럽고 부끄러운 말이 아니라
"정말 높은 식견을 가지고 계십니다"라는 말이어야 할 것이다.

그들에게 있어서 돈의 기능은
잘 먹고 잘 살기 위한 최고의 가치로써 작용하는 것이다.
그들에게 돈이라는 존재는
그의 숭배 대상이자 사고를 지배하는
신격화된 전지전능한 존재일 것이다.

단지 잘 먹고 잘 살기 위해서만 돈이 기능한다면
그들이 믿는 전지전능한 돈이라는 신神의 힘이
너무 왜소하지 않은가.

돈은 우리 곁에 항상 같이 있으면서
우리 자신을 인간으로서의 시험에 항상 들게 한다.

그러나 유혹을 단박에 잘라내는 칼을
날 세우는 숫돌로서의 가치로
우리를 갈고 닦게 만드는 것으로 그 의미를 둔다면
오히려 훌륭한 스승으로서 유혹에
결코 빠지지 않는 긍정적인 기능을 극대화하여
우리의 생각과 삶이 도리어 여유로울 수 있을 것이라 생각한다.
그리하여 사회와 여러 이웃을 생각하는
코즈모폴리턴Cosmopolitan적인 아름다운 꿈
혹은 이타심을 실행하는 훌륭한 도구로써
사용될 수 있을 것이라 생각한다.

10 멍석말이

우리 민족은 농경문화의 특질상 한곳에 오랫동안 정착하였기로
시시콜콜 이웃의 숟가락 개수까지 다 알 정도의
친밀감과 유대감이 있었다.
틀림없이 문법상 '나'라고 해야 맞지만
우리가 지금까지도 습관적으로 사용하는 '우리'라는 단어는
이러한 친밀감과 유대감을 바탕으로 한
공동체의식에서 나온 것이 아닐까 하고 짐작해 본다.
과거 우리의 조상들은 한동네에서 누군가 나쁜 짓을 하면
나라의 법에 앞서 동네자치규약에 의해 그를 먼저 징벌했고
그의 죄가 큰 경우
조상대대로 생활의 근거지였던 동네에서 추방하기도 했다.

그러나 현대사회는 과거 농경시대와는

너무나 다르게
너무나 빠르게
자신의 이익을 구하기 위해 모든 가능한 수단을 이용한다.
그 과정에서 발생되는 이른바 소소한 나쁜 행위를 포함하여
천인공노할 범죄를 저지를지라도
과거처럼 동네규약에 의해 이웃으로부터 전혀 제재받지 않는다.
그것은 현 시대의 법만능주의랄까
금전만능주의랄까
자유분방함이랄까
방종이랄까
도덕파괴랄까
도덕불감증이랄까
혹은 개인주의에 기인한 것이리라.

현대사회에서 범죄의 형태로 나타나는 사회적인 모든 문제들은
예전 농경사회의 그것과 비교될 수 없는 범위를 훨씬 넘어선 것이다.
현대사회의 편리함과 풍족함만을 추구하는 금전만능주의가
인간성을 파괴시키고 인간의 심성을
야차의 심성으로 만들어 가고 있는 것은 아닐까.
과거 우리 조상들의 도덕심을 바탕으로 한
공동체를 중시하는
지혜가 깃든 멍석말이의 부활은 가능할까.

11 인생 1 : 민감과 둔감

자동차를 몰고 가고 있다.
아주 빠른 속도로.
그런데 어디선가 계속적으로 비정상적인 기계음
혹은 소음이 들리고 있다.
뭔가 어디에 틀림없이 문제가 있는 것이다.
이러하다면 적당한 위치에 차를 세워 그 소음의 진원지를 찾고
그리하여 차후에 생길 수도 있는
대형사고의 위험을 사전에 확인하고 조치해야 할 것이다.

인생도 이와 같을 것이다.
지금 자신이 몸담고 있는 직장이거나
자신이 하고 있는 일이 썩 유쾌하지 않거나
뭔가 모를 항상 느껴지는 공허함

무엇인지는 정확하게 모르나
어떤 새로운 것에 대한 열망이
가슴속에서 줄기차게 일어난다면
이것은 자동차가 질주할 때 나는 비정상적인 기계음과 같은 것이다.

돈, 명예, 권력 등등의 이익에는 너무나 민감하다.
그러나 자신을 진정 살리는 것
"왜 사는가?"에 대한 회의
"나는 무엇인가?"라는 회의에 대해서는 너무나 둔감하다.
나 살기 바쁘다는 핑계로
산다는 것의 의미가 진정 뭔지도 모르면서
살기가 바쁘다는 핑계로.

민감해야 할 것에 대해 평생 둔감하게 살다가
죽음을 목전에 둔 그 순간.
여태껏 살아온 인생살이에 대한 미련
혹은 회환
혹은 공허함
혹은 죽음에 대한 두려움
혹은 복합적인 두세 가지의 감정만 자신 머릿속을 가득 채우리라.

12 인생 2 : 시한부 생명

탄생에는 순서가 있지만 죽음에는 순서가 없다.
먼저 태어난 사람이 먼저 죽고
나중에 태어난 사람이 나중에 죽는다는 경우는
일반적인 생각일 것이나
그렇게 순서대로 죽음이 결코 다가오지 않음은
누구나 알고 있는 것이다.

내가 언제 어떠한 형태로 죽을 것인지를 아는 사람이
이 세상에 과연 몇이나 될까?
혹 자신의 죽음의 시간을 정확히 알 수 있는 사람이 있다면
우리는 그 시간에 맞춰 어떠한 마음가짐으로
어떤 계획으로
무엇을 준비하며 살 게 될까?

우리는 벌거숭이의 상태로 항시 죽음에 노출되어
언제 죽을지도 모르는 하루하루를 살아가고 있다.
그럼에도 대다수의 사람들은
죽음은 남의 이야기인 양
뉴스에나 나오는 남의 이야기인 양
나와는 동떨어진 머나먼 나라의 이야기인 양
죽음에 대해 무신경하게 매일매일을 살아가고 있는 것이다.

이러한 나날이 이어지는 가운데
어떤 이들은 뜻하지 않은 교통사고나 불의의 사고 등으로
죽음을 느끼지도 준비하지도 못한 채
부지불식간에 생을 마감하기도 한다.

어떤 이들은 암 등의 시한부생명의 진단을 받고
그나마 생을 마감할 마음의 준비를 갖추며 죽음을 맞게 된다.
주위의 사람들은 그의 예정된 죽음에 슬퍼할 것이나
죽음을 느끼지도 못하고
죽음을 준비하지도 못하고
자신을 돌아볼 시간도 갖지 못한 채 죽음을 맞이한 이들에 비하면
이들은 그래도 불행 중 다행이라고 해야 하지 않을까.

시한부 생명을 선고받은 그들은

그나마 지나간 자신의 생을 돌아보며
사랑하는 사람들과 남아있는 시간에 대한 아쉬움과
애정을 느끼며 죽음을 준비할 수 있는 것이다.
지나간 삶이 후회스럽기도 할 것이며
반면에 남아 있는 시간이 그렇게 소중하게 느껴질 수가 없으리라.

죽음은 저 멀리 한참의 거리와 시간을 두고 떨어져 있는
먼 나라의 이야기가 결코 아니다.
죽음은 삶처럼 우리와 항상 함께 하고 있으나
삶에 비해 우리는 의식을 크게 하지 못할 뿐이다.
삶은 현실이요
죽음은 가상세계에나 존재하는 것인 양 무신경하게 대할 뿐이다.
실상 죽음은
삶과 한시도 떨어지지 않고
항상 동거의 형태로 존재하고 있는 것이다.
삶이 오른팔이라면
죽음은 왼팔이라는 형태로
삶이 한번 움직일 때마다
죽음도 같은 박자로 움직이고 있는 것이다.
더 살았다는 것은 더 살 수 있음을 의미하는 것이 아니고
죽음에 점점 다가가는 것이 될 것이다.
삶이 들이쉬는 숨이라면

죽음은 내쉬는 숨의 형태로써
서로의 호흡을 조절해 가며
생生과 사死의 박자를 조절해 가고 있는 것이 아닐까 싶다.

우리는 하루하루를 나름대로 열심히 살아가고 있다고 생각한다.
직업전선에서
처자식을 위해
사랑하는 이들을 위해.
그러다가 병이 든다.
그것도 급작스럽게 시한부 생명을 선고받는다.
죽음에 대해서는 생각도 준비도 하지 않았는데
마른하늘에 이 무슨 날벼락이란 말인가?
그동안 열심히 살아온 내게 왜 이런 일이 생기는 것인가?

왜 사느냐?
인간은 무엇인가?
인생은 무엇인가?
이러한 의문과 질문 없이 그냥 하루하루를 살아간다면
이것은 목적지를 모르고 탄 버스와 같다고 말할 수 있겠다.
우리는 어떤 목적지를 가기 위해 몇 번 버스
어디 경유, 종착지가 어디인지는 알고 그 버스를 탄다.
그런데 대부분의 사람들은 버스에 탄 그 자체로써

모든 것을 내맡긴다.
이것이 무슨 버스이며
완행이냐 직행이냐
어디를 거쳐 가는지도 모르고 그냥 가고 있는 것이다.
시간이 되면 죽음이란 종착역에 도착할 것이다.
그것은 누구나 다 안다.
의미 없이 바쁜 마음으로 빨리 가야 되는 데만
편안하게 가야 되는 데만 생각할 뿐 그냥 가고 있는 것이다.
의미와 목적도 모른 채.
인생의 의미와 삶의 의미
인간의 실체
마음의 실체도 모른 채 그냥.

우리 모두는 시한부 인생을 살고 있는 것이다.
그럼에도 크게 의식하지 않거나 의식하지 못하는 것이다.
그러다가 매일 대하는 이들이나
주위의 가까운 사람이나
특히 부모형제, 처자식, 친구, 연인 등의 지극히 사랑하는 이들이
죽음을 맞게 된다면
그것도 갑자기 죽음을 맞게 된다면
이것은 지극한 현실로써 가슴속 깊이 와 닿는 것이다.
그런데 만약 자신에게

예상치도 못한 갑작스런 죽음이 들이닥친다면
마치 마른하늘에 벼락을 맞은 것처럼 정신이 아뜩해질 것이다.

삶이 중요한 만큼
함께 하고 있는 죽음이란 것에 대해서도
의식을 가지고 가끔씩 생각해 볼 일이다.

13 인생 3 : 쓰레기 인간

어떤 인간의 종種들은
마치 수백 수천 년을 살 것처럼
자신의 가족을 위해서라는 그럴싸한 이유를 들며
자신이 당장 죽을 듯이 어려운 처지일 때는
어떤 어려운 일도 참고 꿋꿋이 견디며
서로를 껴안고 도와가며 열심히 살아 보자고
상대에게 애걸하는 수준으로 부탁을 해 놓고는
그 상황이 약간 호전되어
자신이 어려움을 어느 정도 벗어났다고 생각되었을 때는
내가 언제 그런 말을 했으며
또한 상황에 따라 생각과 처신을 바꿀 수 있는 것 아니냐고 하며
자신의 어려운 처지를 구제해 준 그 상대를
오히려 바보이거나 시세의 흐름을 제대로 타지 못하는

어리석은 천치처럼 취급하며
생각과 행동을 스스럼없이 바꾸는 이러한 인간의 종자가 있다.

그러한 그들을 다시 보게 되면, 아니 생각만 해도
10년 전에 먹은 음식 찌꺼기가 다시 목구멍으로 넘어 오는 것 같다.
이러한 부류들은
배신과 배반, 부정과 비리
자신이 살기 위해서는 어쩔 수 없다며
상황에 따라서는 살인일지라도
커다란 죄책감 없이 저지를 수 있는 자들이며
도덕심이나 사회의 규율
특히 의리를 무시로 헌신짝 버리듯이
내팽개칠 수 있는 작자들이 아닌가 생각한다.
그들의 껍데기는 인간이되
그들의 심성은 짐승의 그것을 훨씬 뛰어넘는
짐승만도 못한 인간의 종들이 현실 세계에 엄연히 존재하고 있다.
그렇다면 자신만 가족이 있고
다른 사람들은 가족이 없단 말인가?
자신과 자신의 가족만 잘 살면
다른 이들은 어떻게 돼도 상관하지 않는다는 것인가?
그가 한 철석같던 약속은
단지 그 순간만을 넘기기 위한 일회용 발언이었단 말인가?

자신의 이익과 출세를 위해서라면
무슨 짓이든 서슴지 않겠다고 하며
도둑질과 강도질만 빼고는 무슨 짓이든 못할 것이 없다고
강변하는 이들은 도대체 또 무슨 인간의 종이란 말인가.
그리하여 그들은
그들 세계의 가장 이상적인 문구인
"개같이 벌어 정승같이 쓴다"라는 말의 맹목적 추종자로서
단순히 결과만을 추구한 성공주의를 추종하는 자들이 아닌가.

누가 어느 때 만들어 낸 말인지는 몰라도
한때는 마치 이 말이 출세주의 내지는 성공주의를 부르짖는 자들의
마법의 주문처럼 그들의 사고를 지배하였는지는 모르나
도덕심을 배제하고 과정을 무시한 채
결과만을 추구하는 것은
결코 인간의 도리가 아닐 것이며 짐승의 법일 것이다.
야수의 세계에서나 존재할 수 있는 생존논리가 아닌가 생각한다.
이 마법의 주문에 걸린 이들은
일시적으로나마 승승장구하여
마치 세상을 다 얻은 양 활개 치며
끝없는 비상을 거듭함으로써 세상의 이목을 집중시키기도 한다.
그리하여 내막은 모르고 이러한 이들의 겉만 따르는
또한 어리석은 자들의 존경의 대상이 되기도 한다.

그러나 어느 정도의 시간이 흐른 후 위선의 껍질이 벗겨지면서
그들의 실체가 낱낱이 밝혀지게 됨으로써
정의의 심판대에 오르게 됐을 때는
그들이 높이 비상한 만큼 그들의 추락은
차마 눈뜨고 볼 수 없을 지경으로 무참히도 산산조각이 나고 만다.
우리는 이 마법의 주문을 외운 대로 추종하던 자들의 말로가
어떠한지는 매일 접하는 매스컴을 통하여
시시때때로 접하고 있는 것이다.

그들이 단순히 배고픔을 이기지 못해 단지 빵 한 조각을 훔쳤다면
그나마 다른 사람들로부터 일말의 동정이라도 받을 수 있을 것이나
아흔아홉을 가지고 있으면서도
하나를 더 채워 백을 만들려는 욕심을 가진 자와
수십, 수백억을 가진 자들이 자신이 가진 것에 더 보태기 위하여
기업인은 탈세나
소액주주의 눈을 가리거나
아껴가며 평생 모은 돈으로 노후를 위해
겨우 상가 건물에 입점하여 희망에 부푼 어려운 이들의 돈을
사기 분양하여 남의 심장을 도려낸 수천억의 돈을
썩은 정치인에게 건네며
또 다른 이익을 구하려 하고
따져 보면 남의 돈인데도

천부당만부당하게도 편법 내지는 불법상속 등을 통한
부정한 방법으로 취한 돈을
이러한 사실을 알고도 남음이 있는
썩을 대로 썩은 정치인에게 또한 건네줌으로써
서로의 이익을 구하려 든다.

국민들이
소비자들이
그들을 그 위치에 있게 한 것은 꿈에라도 생각하지 않고
마치 자기 혼자 잘나 수많은 재산을 모은 것인 양
자기 혼자 잘나 그 자리에 오른 것인 양
스스로 사회의 지도층으로 행사하면서
온갖 혜택은 다 받아와 놓고서는 이러한 짓을 저질러 대니
머리 속에 똥만 그득한
어리석고도 무식한 종자가 이러한 자들이 아닌가 생각된다.
전혀 준비되지 않은 자격을 가진 그들이
스스로를 사회의 지도층이라고 생각하며
마치 똥통에 빠진 그들이 서로 서로를 부둥켜안고
가라앉지 않으려고 발버둥치는 꼬락서니가 아니고
그 무엇이랴.
사회의 현실이 이러 하니
'노블리스 오블리제'란 말은

먼 나라의 이야기이자 이상세계에나 존재하는 이야기로
우리의 가슴과 현실세계와는 너무도 유리된 이야기가 아닌가.
빵 한 조각을 가진 사람들의 눈물을 바탕으로 만들어진 것을
부당하고 부정한 방법으로 자신의 것으로 만들기 위해
그러한 짓을 저지름에 우리는 그들을 결코 용서할 수 없으며
사회정의의 실현을 위해 필히 응징을 가해야 하는 것이다.
그렇다고 배고플 때는
빵 한 조각 정도는 훔쳐도 괜찮다는 것은 결코 아니다.
이러한 일조차도 결코 있어서는 안 되는 것이 아닌가.

우리는 신도 아니지만 또한 짐승도 아닌 것이다.
인간의 세상에는 인간의 법이 있고
인간의 도덕률이 있고
인간의 신의가 있는 것이다.
어디 짐승들이 신의를 찾고 지조를 지키기 위하여
목숨을 초개같이 버리던가.
이 세상이 단순히 자신과 그 가족만으로만 구성된 것인가?
참으로 한심하고 구제 받지 못할 인간의 종자가 아닌가.

반면에
의리를 지키고
믿음을 주고

도덕률에 따르며
정직하게 하루하루를 살아가는 사람들은 천치 바보이고
아예 가족도 없으며
그리하여 그들은 다른 세상에 사는 또 다른 인류의 종인가?

'나는 오늘 아침에 태어나서 오늘 저녁에 죽는 것이다'라는
가정이 성립된다면
첫날이자 마지막 날인 오늘 하루
과연 무엇이 가장 중요하며
그리하여 어떠한 생각으로 어떠한 삶을 꾸려 나갈 것인가.
내일 아침 눈을 떴을 때
내가 여전히 숨을 쉬고 있고 찬란한 태양을 다시 보게 된다면
나는 또 다른 귀하디귀한 하루를 선물로 받게 되는 것이 아닌가.

수백 년을 살 것같이 하면서
장래를 위하여 돈을 모으기 위해서는
어떠한 악행도 다 저지르며
내일을 준비하는 종자들이 있다고 할 때
급작스런 사고나
불치의 병으로 이 세상을 하직하게 된다면
그동안 자신 나름대로는
열심히 살아왔다고 생각해 온 그들은 누구이며

또한 그들의 인생은 과연 무엇이란 말인가.

과연 쓰레기 인간이란 어떠할까.
그보다 강할 것이라 판단되는 사람이나
그에게 금전적인 이득이
틀림없이 있을 것이라 판단되는 사람이나
그보다 확실히 강한 사람에게는
눈 뜨고는 차마 보기 힘들 정도의 비굴함으로
자발적으로 슬슬 기어댄다.

상대의 형편이 괜찮을 때는
마치 자기 피붙이같이 살갑게 대하며
평생 친구로 지내자며 조르고
다른 이들에게
이런 친구는 없다고 자랑하며 떠들어 대다가
상대의 처지가 어렵게 되어
더 이상 금전적인 이득이 생기지 않는다고 판단되면
이런 인간은 그의 일생에 전혀 도움이 되지 않는
별 볼일 없는 인간이라며
다른 사람들에게 또한 떠들어댄다.

그리하여 그보다 약하다고 판단되는 사람이나

더 이상 경제적인 이득이 없을 것이라
나름의 판단이 서면
과연 인간으로서 저럴 수 있나 할 정도의
돌변한 잔인함과
돌변한 거짓말과
돌변한 험담으로
상대를 매도하며 무참하게 짓밟는다.

14 인생 4 : 오래된 술과 친구

술은 오래될수록 깊은 맛이 나고
친구는 오래 될수록 깊은 정과 은근함이 배어나는 것이 아닌가.
오래 사귄 좋은 친구는
이 세상에서 어느 값진 물건보다도 더 귀하고 귀한 것이 아닌가
생각해 본다.
오래된 좋은 친구는
굳이 어떠한 말도 필요 없이
눈빛 하나로도 서로를 느낄 수 있을 것이다.
이러한 은근함을 어떤 가치와 비교할 수 있겠는가.
인간답게 살며
이러한 친구와 비록 쓴 소주일지라도
서로를 교감하며 함께 할 수 있다면
어렵게 하루하루를 살다 간들 무엇이 그리 아쉬우며 서러우랴.

돈이라는 쇳덩어리나 종잇조각에 자신의 영혼을 팔아 버려
자신의 삶에서 무엇이 중요한지도 모르면서 살아가는 것이
하루를 살아가는 최선은 결코 아닐 것이다.
인간 세상에는
진정한 인간의 정을 느끼는 것
그리하여 넉넉하지는 못할지라도
주위의 이웃과 친구와 서로의 정을 나누면서
서로를 아끼고 보듬어 가며
오늘의 석양이 마지막이라고 생각할지라도
그것이 결코 후회스러운 삶이 아니었다고 느끼는 것.
그것이 바로 진정한 인간의 삶이 아닐까 생각해 본다.

만약 내일 다시 내일의 태양을 맞게 된다면
우리는 새로운 하루를 보너스로 선물 받은 것이며
그리하여 그 깊은 정과 우정을
하루 더 느낄 수 있게 되는 것이 아닌가.
이러한 인간의 삶은
신들은 결코 가질 수 없는
인간사회의 삶의 극치가 아닐까 생각해 본다.

진정한 친구가 없는 인생이란
오아시스 없는 사막과 같이 무미건조한 것.

인간의 정을 느끼고 사는 것
그리하여 남을 배려하고
남에게 베풀며
서로 어울려 사는 것
그것이 제대로 하루를 사는 인간사회의 삶이 아닐까.

15 인생 5 : 약속과 인생의 우선순위

해외여행을 가기 위해 공항에 갈 때에는
지정된 출발 시간보다 훨씬 이전인 두어 시간 전에
공항에 도착해야만 한다는 사실은 상식 축에도 끼지 않는 것이다.
최소한 정시 이전의 일정 시간 이전에는 도착해야지만
정해진 비행기에 탑승할 수가 있는 것이다.
정시에 도착해서는 결코 목적한 비행기를 탈 수 없는 것이다.
약속이란 것도 이러해야 하지 않나 생각한다.

가장 간단하고 일상적인 예로
누구로부터 얼마간의 돈일지라도 꾸게 된다면
자신이 갚을 수 있는 실제의 날짜보다
더 여유 있게 시간을 정하고
그 이전에 갚도록 하면 어떨까.

이러한 예가 단 한번에 그치지 않고 진심으로 지속된다면
빌려주는 사람의 입장에서는
그에 대한 신뢰가 깊어질 수밖에 없을 것이다.

그러나 한편 그 신뢰를 완전히 무너뜨리는 자들도 있다.
부모 자식 간에도 돈거래는 하지 않는다고 하였는데
하물며 남으로부터 단지 약속 하나를 바탕으로 빌리게 된 돈을
갚지 않는 것은 무슨 똥배짱이며, 무슨 후안무치이며
어떤 종의 인간 부류인가.

약속이란 지켜져야만 되는 것이다.
그것이 약속의 의미이자 본질이다.
그러한데 지킬 수 있고
지켜져야만 하는 약속임에도
그 약속을 지키지 못하게 된다면
설탕이 결코 소금이 될 수 없듯이
약속이란 단어는 그 본질과 의미를 잃게 되고 마는 것이다.
아무짝에도 쓸모없는 물건이 되고 마는 것이다.
그리하여 그 약속을 남발한 인간 또한 아무짝에도 쓸 수 없는
재활용조차도 불가한 인간쓰레기가 되고 마는 것이다.

피라미 한 마리가 맑은 물을 다 흐려 놓듯이

이러한 인간들 때문에
"머리 검은 짐승은 믿을 수 없고, 거두는 것이 아니다"라는
자조와 한탄의 이야기가 나온 것이 아닌가.
이러한 인간들 때문에
선량한 많은 사람들이 의심의 대상이 되며
인간에 대한 믿음 자체가 의심 받는 것이 아닌가.

단 하루를 살지라도
인간사회에 있어서 약속이란
꼭 지켜져야만 되는 것이고
그리하여 서로에 대한 믿음이 싹트고
사회가 유지될 수 있는 것이 아닌가 생각한다.

하루를 살아감에 있어서 가장 우선순위는
주어진 날의 삶에 최선을 다하며
죽음을 언제든 맞을 준비를 하는 것.
그리고 그 죽음 앞에 당당할 수 있는 것.
그리하여 삶을 마감하게 됐을 때
나는 오늘 이 하루를 정말 인간답게 살다 간다고 느끼며
어떠한 후회도 남기지 않는 것이 아닐는지.

16 인생 6 : 신에 대한 반란, 신을 죽임

인간들은 우리가 만들어 낸 아니 있었으면 하고 바라는
신神이라는 존재의 장난감이자 놀림감은 아닐까 하고 생각해 본다.
인간들이 좋아하는
그리고 바라는 욕망과 성취라는 이름의 그것을
개밥 던져 주듯이 던져 주어
그들 스스로가 그것들을 쟁취하기 위해 일생의 전력을 다하며
그리하여 또한 그것을 지키려고 다투어 오며
여태껏 쌓아 온 것이
소위 말하는 인간들의 현재까지의 역사는 아닐는지.

거의 대다수의 누구도 정해진 틀을 벗어날 수 없는
인간군상의 서글픈 운명.
먹고살기 위해

생존이라 부르는 피비린내 나는 그것에서 벗어나고자 하나
벗어날 수 없는 서글픈 운명.
그 어느 누가 이 정해진 틀에서 벗어날 수 있을까?

꿀을 채취하기 위해 촉수를 댔으나
그것이 벗어날 수 없는 식충식물의 수렁이라는 것을
벗어나려고 부단한 날갯짓을 하나
이미 거미줄에 걸려든 것 같은 서글픈 운명을 타고난 인간군상들
살기 위해서는 어쩔 수 없이 촉수를 들이대나
그것에서 결코 벗어날 수 없는 운명
돈, 처자식, 명예, 소위 출세
혹은 생존이라는 필연적인 꿀을 섭취하기 위해
벗어날 수 없는 거미줄에 매여…

대다수의 인간군상은
그가 빠져나올 수 없는 거미줄에 걸린 줄도 모른 채
혹은 안다고 할지라도 죽을 때까지 그 꿀물에 심취한다.
진정한 자유의 의미도 모른 채 그냥 그렇게.

진정한 자유의 쟁취는 어떻게 이루어야 하는가?

대다수의 인간들은

고등하지 못한 사고에 빠져 있는 대다수의 인간이란 존재는
'호모 사피엔스'에서 '호모 사피엔스사피엔스'로 이름만 바뀌었을 뿐
내면의 성찰을 통한
정신적으로 보다 성숙해진 진화된 인간이란 종種의 고개를
아직까지 단 한 번도 넘어서지 못하고 있는 것은 아닐는지.

자신은 과연 누구이며
어디에서 왔으며
무엇을 해야 하는지…

진정한 자신을 찾지 못함으로써
현재까지의 사고로는
인간이라면 대다수가 예외일 수 없는 통제당하는 보이지 않는 힘
그것을 신이라 부르든
욕망을 절제하지 못하는 어리석음이라 부르든
깨우치지 못한 어리석음이라 부르든
그것에 의해 먹이에만 빠진 가축처럼
코앞에 닥칠 단 몇 초 후의 상황도 짐작하지 못함으로써
신을 숭배하는 것.
그 자신이 신(인간이 깨우치게 되는 것)이 될 수 있음에도
눈앞의 먹이(욕망이라 불리는 현실)를 채기 위해서만 전력을 다하는…
이 무슨 수천 년 동안의 어리석음의 연속인가.

인간들은 우리가 관념적으로 만들어 놓은
신(인간이 깨우침을 얻지 못하게 만드는 인간의 절대욕망이거나
보이지 않는 어떤 형상의 절대존재라 믿는 그 무엇)이라는 존재에 의해
수천 년간 계속 능욕당하고 있는 것은 아닐까?
또한 앞으로도 계속적으로 능욕을 당해야만 하는 것은 아닐까?

진정 그러하다면
그동안 우리의 의식을 지배해 왔던 그 신이라는 존재를
기필코 죽여야 한다.
그리하여 우리는 새로운 신으로
새로운 '호모 사피엔스사피엔스'로
다시 탄생할 수 있지 않을까 생각한다.

17 인생 7 : 홀로 서지 못하는 인간군상

대부분의 사람들은
자신이 소속된 장소이거나
환경이거나
시간이거나
제약에서 벗어날 수만 있다면
최대한 벗어나고자 하는 바람을 갖고 있을 것이다.
어떤 이는 아주 간절히
어떤 이는 소박하게.

그러나 그들의 생명이 얼마 남지 않은 절박한 상황에 있을지라도
그들은 소속된 일정한 집단에서 결코 벗어나지 못한다.
그들이 항상 벗어나고자 했던 곳이었음에도 불구하고.

익숙해진 근거였던 집단에서
오로지 자신만의 이탈 혹은 소외는
짧은 얼마간의 시간일지라도
고독이라는 이름으로
죽음보다도 더한 정신적인 고통을 안겨줄 수도 있을 것이다.
또한 그 집단에는 집단이라는 소속감이 있고
그 집단을 지배하고 유지해 온 의식意識과 의식儀式이 있기 때문이다.
그들은 집단에서 이탈된 채 혹은 소외된 채로는
죽음마저도 혼자서는 맞을 수 없는 것이다.

신은 인간이 고독을 이기지 못함을 간파하고,
그리하여 의식하지 못하는 사이
인간들 스스로가 자신의 의식 속에 심어 놓은
고독이라 불리는 죽음과는 다른 형태의 두려움을
인식시켜 놓음으로써
인간을 통제하고 있는 것은 아닐는지.

그러나
신이라는 것은
우리 주변에 항시 우리와 함께하고 있는 자연 그 자체이거나
우리의 깨어있는 의식意識일 수도 있을 것이나
인간들은 공간적으로

시각적으로
의식적으로 먼 곳에 있어야 될 것만 같은 바람으로
스스로 무형상의 절대적인 존재인
신을 창조한 것은 또한 아닐는지.

그러나 깨어 있는 의식意識으로 고독을 극복한 사람이거나
케이발리아(절대적인 홀로 있음)를 즐길 수 있는 사람이라면
그는 어느 곳에도 매임이 없는
그물에 걸리지 않는 바람처럼
진정한 인간의 정신세계를 맛보고 있는 것이리라.

18 명검의 조건

칼은 피를 먹고 자란다.
칼은 피를 원한다.
칼의 속성은 피를 먹는 것.

칼이 가장 회피하는 것은 물과 불.
물과 불은
칼을 담금질하며 괴롭힌다.

피는 인간의 욕망.
그 욕망을 채우기 위해
끝없이 또 다른 피를 부른다.
욕망이
또 다른 욕망을 부른다.

물과 불은
자신의 욕망과 상반되는 것.
자신의 생각에 반反하는
다른 이들의 의견 혹은 충고
다른 이론 혹은 제재
반反하는 상황.

그리하여 물과 불에 수많은 담금질을 당하고
수많은 망치질을 당한 칼일수록 명검이 되는 것이다.
많은 고통과 기복起伏의 세월을 겪으며
오랫동안 견디어 온 사람만이
명검이란 인간으로서 자리할 수 있는 것이다.
명검은
그냥 만들어지는 것이 아니다.

겉만 번지르르한 일반 칼은
명검과 칼을 직접 부딪치기 전에는
명검의 진가를 결코 모를 것이다.

19 도덕과 법 : 덕치주의와 법치주의

도덕은 길이다.

길이란 많은 사람들이 오랫동안 다니면서
자연적으로 만들어진 것이다.
길이라 부를 수 없는 원래는 없었던 길이라도
여러 사람들이 다니면서 다져지고
잡초가 제거되고
조금씩 넓혀지면 길이 되는 것이다.
그것이 넓어 많은 사람들이 일시에 다녀도 아무런 문제가 없다면
대도大道가 될 것이며
적은 수의 사람들만 왕래하거나 한두 사람만이 통행할 수 있다면
소로小路이거나 오솔길이라 불릴 것이다.

한편 어리석은 많은 자들이 다니면서 만들어진 대로大路를
마치 변치 않는 진리인 양 신봉하며 따를지라도
그것은 그냥 대로일 뿐 대도는 아닐 것이다.
다수의 의견과 걸어온 길이 항상 옳은 것은 아닐 것이다.
소로小路도 길일진대
대도에 비해 그 의미가 축소되어서는 안 될 것이다.
그것은 걷고자 하는 사람의 선택의 문제인 것이다.

踏雪野中去(답설야중거) 눈 덮인 들길을 갈 때
不須胡亂行(불수호란행) 모름지기 어지러이 걷지 마라
今日我行蹟(금일아행적) 오늘 남긴 내 발자국이
遂作後人程(수작후인정) 뒷사람의 이정표가 되리니

위의 시는 서산대사의 선시禪詩로 알려져 있으나
사실은 조선시대의 '이양연'이라는 사람이 쓴 것이라고 한다.
백범 김구 선생도 이 말을 가슴에 새겼다가 인용하셨다고 한다.

결코 자연적인 것이 아닌 인위적인 의지로써 갈고 닦아 놓은 뒤
테두리를 명확히 정해 놓은 길이 또한 있다.
이 길은
구성원의 정서와 환경과 이해를 밑바탕으로 하여
정해진 선을 넘어서면

신체적이거나 정신적인 제재를 가하는 또 다른 길이다.
이 길은 오로지 눈에 보이는 사실만을 바탕으로 하여
길 위에서 이리로 혹은 저리로 가라는 사람과
선을 넘었다고 지적하는 사람과
넘지 않았다고 반박하는 사람과
그들의 말과 증거를 바탕으로 판단하는 사람이 있는
지적과 판단의 실수와 오류의 소지를 너무나 많이 가지고 있으면서
최악의 경우 다른 사람의 목숨마저도 빼앗는
길이라 불리기에는 무리가 있는
법이라는 것이 엄연히 존재하고 있다.

신도 인간이 죽기 전에는 그의 죄를 판단하지 않는다고 하는데
인간들의 의지로 만들어 다수를 통제하는 수단으로써의 이것이
만약 오류와 실수의 칼날을 잘못 들이대거나
혹은 자신의 자의적인 해석에 의한 것이든
타인의 입김이 가해진 외부적인 힘으로든 만약 이것이 적용된다면
지적하거나 판단하는 그조차도
내심으로는 선線과 선善을 벗어남을 앎에도
겉으로는 그렇지 않은 양 행세하며
자신의 이익과 안위와 영달을 위해
일시적으로라도 자신을 속이게 된다면
이것은 도덕이라 불리는 대도를 크게 벗어난 것이 아니고 무엇인가.

과거 역사의 기록에서부터 동시대의 현실에 이르기까지
비일비재하게 발생되는 이러한 법의 맹점은
단순한 우려로만 끝난 것이 아니고
인간의 양심을 갉아 먹으며 자라는
인간의 심성 속에서 실재 존재하는 괴물인 것이다.

칼과 도끼를 든 선량한 나무꾼은
주위에 있는 다른 나무의 성장을 방해하고 해칠 수 있는
무도한 나무의 곁가지를 치거나 그 나무의 밑동을 잘라냄으로써
다른 나무들의 생장을 도우면서 또한 그것이 그의 생계수단이 된다.
그러나 만약 그가 그 도끼와 칼을 사람에게 들이댄다면
그는 즉시 화적이 될 것이다.
원래의 목적은 다른 나무의 성장을 가리고 해치는 나무를
베고자 하는 선의의 칼날이었으나
만약 일시적으로나마 도덕심을 상실하거나 마비되어
그 방향을 오도하여 다른 사람의 목숨을 취하게 된다면
그것은 천고에 씻지 못할 죄를 짓는 망나니의 칼이 될 것이다.
법은 코에 걸면 코걸이요 귀에 걸면 귀걸이가 될 수 있는
맹점의 한계를 드러낸다.

도덕을 바탕으로 한 덕치가 우선시되지 않으며
사회질서 유지라는 말로 법치만을 강조하는 사회라면

그 사회는 저 중국의 진시황이 지배했던
2200여 년 이전의 봉건영주 시대와 하나도 다르지 않을 것이다.

진시황이 존경하여 마지않았고
그리하여 진나라의 통치수단으로까지 되었던
법가의 한비자韓非子를 만났을 때
진시황은 그의 손을 잡으며 그를 한번 만나는 것이
그의 평소의 바람이었으며 그리하여 무한한 존경을 보내며
높은 벼슬을 제의하고 그의 곁에 남아주기를 간곡히 원했다.
그러나 한비자는 그의 동문이자 당시 진나라의 승상이었던
이사李斯가 진시황의 총애를 잃을까 두려워 그를 질시하여
결국 그를 죽음으로까지 내몬다.
그는 죽음을 앞두고 자신에게 되뇌며 말했다.
"내가 만든 법에 내가 죽게 되는구나!"
그가 그렇게 신봉하고 주창하던 법의 칼날에
결국 그 스스로 죽음의 나락으로 떨어지지 않았던가.

나무 잘 타는 자 나무에서 떨어져 죽고
헤엄 잘 치는 자 물 속에서 죽으며
명검을 만든 대장장이는
그가 만든 날카로운 칼에 목이 떨어지지 않던가.
법으로만 모든 백성을 통제하며 다스렸던 진시황의 죽음 이후

진나라는 그 추상같던 법의 밑에 있던 백성들의
봉기로 곧장 멸망의 길로 접어들었다.

법으로만 국가를 경영하려 함은
민심을 읽지 못하는 무능한 정치지도자들이
오로지 법을 빌려 다스리려는 것이다.
그리하여 법으로 다스리려는 그만큼
그 국가의 정치적인 상황은 흔들리고
민심은 더욱 이반하게 될 것이다.

10여 년 전
IMF 금융위기로 대한민국이 국가부도의 위기에 처했을 때
장롱 속에 깊이 묻어두었던 아이의 돌 반지를 비롯하여
돈 될 만한 금붙이를 수많은 국민들이 자발적으로 나서서
국가에 내맡겼다.
해외 언론들은 보지도 듣지도 못한
이러한 자발적인 대한민국 국민들의 참여에
모두 놀라움과 부러움을 표시했다.
그리하여 대한민국은
몇 년 만에 IMF 금융위기를 졸업하지 않았던가.

어디 이뿐이랴.

2002년 월드컵 개최 기간 중에는 어떠했는가.
수십만 아니 전국적으로 수백만의 국민들이
붉은 티셔츠로 거리를 물들였으며
심지어 산사의 수도승들까지 응원을 아끼지 않았다.
그들의 함성은 대한민국 전 국토에 울려 퍼졌다.

확실히 한국인의 피 속에는 신명이라는 것이 면면히 흐르고 있다.
적절한 조건에 자리만 펴지면
누구나 할 것 없이 신명을 펼치는 민족이 대한민국 국민이다.

장관자리를 고사固辭한 명망名望 있는 강사의 어떤 강의에서
직접 들은 바에 의하면
과거 구소련 역사(전사) 연구소에서
한때 여러 나라의 피지배 민족에 대한 연구를 한 적이 있다고 했다.
이것은 다른 나라를 침략하고 이후 지배를 공고히 하기 위해
피침략국의 역사를 면밀히 검토하는
민족성의 연구를 위한 것이었다.
그들은 결론짓기를
전 세계에는 결코 복종당하지 않는 민족
절대 지배해서는 안 되는 민족이 있는데
그 중의 하나가 지금의 대한민국이라는 것이다.
이들은 짓밟고 짓밟아도 잡초와 같은 생명력으로

결코 꺾이지 않으며
동화되지 않는 민족이라는 것이다.
이런 민족은 강제적인 지배를 통해서는
결코 그들을 복종시킬 수 없다는 결론을 내렸다고 한다.
그리하여 침략하여 지배하지 않는 것이 낫다는 결론을
또한 내렸다고 한다.

굳이 그들의 지적이 아니더라도 고려시대의 한 예를 든다면
몽골이 원나라를 세운 후
당시 서아시아를 포함한 아시아 전역과 유럽의 일부를 침략하여
그들의 정복으로 거의 모든 나라는 그들 국가의 이름을 내렸다.
그러나 고려는
결국에는 그들의 지배를 받으며 영향권 하에 있게 되지만
고려라는 나라의 이름을 결코 내리지는 않았다.
또한 지배당하기 전까지 수도를 강화도로까지 옮기며
수십 년간의 항쟁을 계속했다.
그 중심에 있는 삼별초는
강화도, 진도, 제주도까지 장소를 옮겨가며
대몽항쟁의 기치를 내걸었었다.
당시 이렇게까지 긴 세월을
파죽지세의 몽고에 항쟁한 나라는 없을 것이다.
원나라의 멸망 전까지 고려는 많은 우여곡절을 겪으면서

한동안 복속되었지만 종국적으로 고려의 국가주권을 지켜내었다.

군부독재의 그 추상같던 통제 아래에서
그 모진 고문과 억압에도 결코 굴하지 않고
인고의 세월을 견뎌내며 마침내 이루어낸 민주화.
위로부터가 아닌 아래로부터 위로 이루어낸 민주화.
이러한 결과물의 바탕은
조상들로부터 물려받은 핏속에 내제되어 면면히 흐르는
민초들의 그 무엇.
수많은 외침으로 국가의 존망이 끊어질 듯 끊어질 듯한
누란지위累卵之危의 위기상황에서도
결코 스러지지 않게 국가를 지탱해 온
민초들의 힘이자 풀뿌리의 힘이 아니겠는가.

위에서 말한 내용들이
법치주의 내지 덕치주의와 무슨 상관이 있을까 싶지만
아주 깊은 상관관계를 가지고 있다.
법치는
최소한의 수단이므로
모든 방법이 통하지 않을 때 최종적으로 써야 되는 마지막 수단이다.
법은 선을 권하기보다 악을 제재함에 그 주안점을 두고 있다.

법에서 정해 놓은 최종의 선線을 넘지 않는 한
모든 국민들이 법이 있음을 느끼지 못할 정도로 자유스러워야 한다.
그러나 어리석은 위정자는
이 최소한의 것을 최대한으로 증폭 활용하여
가장 먼저 적용시키는 수단으로 쓰려 한다.
다수의 선량한 사회구성원을 보호하기 위한 사회악의 제재 수단을
마치 선善의 칼날인 양 미혹하여 그 백성들을 탄압하려 한다.

— 국가가 위기에 처했을 때 만약 동참하지 않으면
국민의 생사여탈권을 국가에서 마음대로 행사할 수 있다는
법 조항은 있는가?
— 국가에 대한 애국심 레벨의 기준이 정해져 있어
만약 그 기준 이하로 애국심이 떨어지면
형을 가할 수 있다는 법은 있는가?
— 국가가 경제적인 어려움에 처했을 때 개인의 재산을 털어
국가에 바쳐야 한다는 법이 어느 법의 몇 조 몇 항에
나와 있는가?
— 국가가 대규모 국제행사를 치르는데
국민들이 참여하지 않으면 형벌을 가한다는 법은 또한
어디에 나와 있는가?

법이 최우선책이며

그리하여 모든 국민들을 법으로만 다스리려 한다면
어떻게 위와 같은 국민들의 자발적인 참여를
이끌어 낼 수 있을 것인가.
이런 자연발생적인 모든 것은 최소한의 힘이자
최종적인 제재수단인 법으로는 결코 이룰 수 없는 것들이다.
그러나 덕치로 나라를 경영한다면
법이라는 이름을 굳이 들먹거릴 필요가 없을 것이다.

선진국이라 불리는 미국을 위시한 서양의 경우를 살펴보자.
그들은 주로 법으로만 나라를 다스리는 나라들이다.
그들 소위 선진국에서 어떠한 법으로 어떻게 시행하여
나름의 성과를 올리며 그 국가를 유지 발전한다고 하여
마치 선진국의 법을 금과옥조金科玉條처럼 여긴다면
어리석고도 어리석은 사고의 결과로
가히 서시빈목西施矉目이라 할 것이다.

보이지는 않지만
우리가 잠시라도 호흡하지 못하면 생명을 잃게 되는 공기이거나
일정량을 취하지 못하면 이상을 일으키거나
결국에는 죽음을 초래하는 물같이
우리의 생명을 유지시켜 주고 우리의 사회를 유지시켜 주는 것은
법이라는 제재수단이 결코 아니며

선량한 마음, 남에 대한 배려, 효 등등을 근간으로 하는
도덕심일 것이다.

법치주의는 가장 저급하고 하등한 최후의 통치수단이다.
따라서 이 도덕심을 바탕으로 한 덕치주의만이
국가와 사회와 가정의 화합을 이루는 근간이 되어
공기같이 물같이 우리를 항시 감싸 안고 지켜 주며
진일보한 통치이념으로써
전 세계 누구나 본받고 싶은 국가의 국민으로
남게 해 줄 것이라 생각한다.

20 최고 : 또 다른 최고를 위한 새로운 도전

우리는 어떤 분야의 최고라고 불리는 전문가가 되었을 때
그동안 겪었던 과정들이 파노라마처럼 지나가며
최후에 오른 최고라는 위치와 다른 이들의 칭찬에 흡족해 한다.
그러나 그것도 잠시일 뿐
다른 이들이 볼 때는 그가 하고 있는 일이
대단한 것으로 비춰질지 모르나
반복되는 그 일이 그에게 있어서는
서서히 지겨움으로 다가올 수도 있거나
혹은 정체된 자신에 대해 회의감이 들 수도 있을 것이다.

글을 쓴다는 것으로 예를 들어 보자.
글을 씀에 있어서
단연 내가 이 세상의 최고라고 할 수 있는 사람은
단 한 사람도 없을 것이다.

자신의 글이 이 세상에서 최고라고 생각하는 이가 만약 있다면
그를 무어라 불러야 될지 적당한 단어를 찾기 힘들다.

글은 창조적인 작업이다.
자신이 심혈을 기울여 쓴 글일지라도
일정시간이 지난 후 그 글을 다시 보게 된다면
부족한 부분이 있음을 다시 발견하게 된다.

진시황의 아비 대접을 받던 여불위呂不韋가
3,000명의 빈객을 모아 완성한
사론서史論書인 '여씨춘추呂氏春秋'를 편찬한 후
그는 이것을 함양咸陽의 시문市門에 걸어놓고
"이 책의 내용 중 한 자라도 고칠 수 있는 사람이 있다면
천금을 내리겠노라"고 하며 그 완벽한 내용을 과시했다.
그 얼마나 심혈을 기울이고
그 얼마나 문장에 흡족하였으면 이러한 자신감을 보였을까.

만약 완벽한 글을 완성한 이가 있다고 하자.
새로운 또 다른 글을 쓰기 위해서는
또 다른 창조적인 과정을 필히 겪어야만 할 것이다.
그리하여 그 과정은 결코 만만하지 않을 것이다.
최고라는 위치는
또 다른 최고를 위한 새로운 도전의 자리일 뿐이다.

21 호모 사피엔스사피엔스 : 외계인이 본 지구문명

인간의 눈으로 본
인간들이 이룩하고 발전시켜 오고 그리고 기준을 정한 가치와 문화.
수천 년을 지나오면서 하나도 변하지 않은 전쟁과 살상
그 피를 먹고 발전한 인류의 역사.
수천 년이 지나도록 하나도 변하지 않은 인간들의 이기심
순화되기는커녕 다른 형태로 더욱 왜곡되어 발전되어 버린
인간들의 이기심 그리고 또 다른 이기심….

인류애를 부르짖지만
호혜적인 상호교류를 말하지만
기실은 강자에게 복종했을 때만 주어지는
동정 혹은 동냥 같은 인류애.
그리고 힘의 논리에 의해 눈치 봐야 되는 불평등한 상호교류.

마치 노예가 주인의 명령에 고분고분할 때 주어지는
음식과 잠자리 등과 같은 것을
인류애 혹은 호혜적인 상호교류라 부르는가.
약자의 자존을 무너뜨리고
실제로는 그 위에 군림하면서
마치 베풀 듯이 말하는 호혜 및 상호존중이란 그럴싸한 포장 아래
감춰진 강권强勸이 진정 상호교류이며 인류애의 한 모양새인가.

인류의 전 역사를 통틀어
인간들은
인간들의 시각과 사고방식으로
그들의 삶과 역사, 문명, 문화 등을 창조하고 개선하며
발전시켜 왔다.
그것을 우리는 인류의 발전과정, 인류의 문명 및 문화라고 불러왔다.
그리하여 앞으로도 인류가 존재하는 한
그들이 여태까지 생활해 왔던 방식과 사고의 판단을 기준으로 하여
나름 진보적인 창조를 통하여 새로운 가치기준을 정하게 될 것이며
그것을 바탕으로 나름의 새로운 발전을 꾀할 것이라 생각한다.

그러나 만약
외계인(인간일지라도 현재 인류의 시각과 사고를 뛰어넘는 인간)의 관점으로,
과거로부터 현재까지 발전되어 왔으며 앞으로도 그러리라고

충분히 짐작되는 인간의 문명 내지는 문화를 보게 된다면
과연 외계인(신인류)의 기준으로 시작되어지고
현재 이룩되어야 하며
앞으로 이루어져야 할 문명 내지는 문화
그리고 추구해야 할 최고의 가치는 무엇이 될까?

22 가을휴가

토요일 오후나 일요일에 겪게 되는 예식장에서의 번잡함
혼란스러움
소음
혼돈…

누가 누구인지도 모르고 서로 뒤엉켜
지금 진행되고 있는 결혼식의 하객인지
아니면 다음 결혼식의 하객인지
마치 난장에 장보러 나온 사람들이
서로 뒤엉켜 있는 모양새나 다름이 없다.
더욱이 30분마다 찍혀져 나오는 새로운 젊은 쌍들
자동화된 공장의 사출기에서 찍혀져 나오는
정형화된 상품 같은 분위기.

개성도 없고 소음만 있으며
차분하고 성스러워야 할 결혼식장의 분위기가 난장의 분위기라니.
이러한 분위기와 흡사한 것이 여름휴가가 아닌가 싶다.
모든 사람이 거의 동시에 거의 같은 장소에 얽히고설켜…

마치 거대한 공룡이 발걸음을 멈추고 사냥감을 포기한 채
초점을 잃어버린 것 같은 도심의 공동화를 느낄 수 있는 여름에는
차라리 일에 집중하겠다.
아니 일에 집중할 수 있을 것이다.
도심은 텅 비어
버스나 전철에는 빈자리가 많으니 편안히 앉아 출퇴근할 수 있고
도로는 한산하여
출퇴근시의 교통지옥에서 벗어날 수 있으니
덜 짜증스러울 것이므로
평소에는 즐길 수 없었던 여유로움마저 느끼게 되는 것이다.

여름만 아니라면 봄이든 겨울이든 다 좋을 것이나
나는 차라리 가을휴가를 택하겠다.

봄은 사춘기의 피 끓음과 같아
세련되지 않음으로 정신을 산만하게 하며
여름은 마치 용광로의 불길 끓어오름과 같아

자신의 육신을 주체하기 어렵게 만듦에 정신마저 혼란스러우며

겨울은 주변이 삭막함으로 가득하니
공허함 뿐이다.

그러나 가을은 사색을 즐길 수 있는
유일한 계절이 아닌가 싶다.
피부를 살포시 건드리며 감각을 일깨우는
청정한 바람 한 점
코발트 빛깔의 청명한 하늘
숨어있던 또 다른 자신의 색깔을 서서히 드러내며
노랗다가 불그스름하게 변하며 몸을 불사르는 나뭇잎
그리하여 다음 세계로의 여행을 준비하는…
자연이 배치한 가장 좋은 계절이 가을이 아닌가 싶다.

가을!
삶과 죽음이 교차되는 분기점이 이러할 것이며
그리하여 더욱이 자연이 아름답다.
삶과 죽음
인생을 돌이켜 봄
깊은 성찰
남은 여정에 대한 생각 등

자신의 가슴속에 있는 것들을 다시 생각하게 하니…

나는 이 가을 산사에 찾아들어
수도승과 작설차 한 잔을 앞에 두고

서로 다른 모양과 색깔을 가진 나뭇잎들이
조용히 순차적으로 떨어지며
대지에 몸을 누이는 소리를 같이 들으며

가을 청정한 바람에 간간히 흔들리는
청아한 풍경소리 또한 같이 들으며

은은한 작설차의 향기를
조금씩 들이마시며

몸속에 내재된 내공을
서서히 격발시키면서

그와 단 한마디의 말도 나누지 않으며
단지 내공으로만 그와 교감하리라.

이것이 내가 즐기는 가을휴가가 되리라.

23 무명론無明論

불가에서 말하는 무명無明이란
밝음이 없음, 즉 어둠의 상태이다.
눈을 뜨면 빛을 보게 될 것이나
눈을 뜨지 못한 상태라면 그것이 무명이다.

망상불각(무명불각 : 망념불각)으로 인하여
진여본각을 깨닫지 못하는 것 그것이 무명이다.
무명은 다른 표현으로
올바른 지혜의 결여라고도 할 수 있을 것이다.
지식의 부재가 아닌, 각성의 부재.

참나眞我를 찾게 되는 것, 즉 진여본각을 깨달으면
그것이 눈을 뜬 자, 즉 깨달은 자로서

우리는 부처Buddha라고 부른다.

진여본각眞如本覺과 망상불각(妄想不覺 : 無明不覺)은
이상異相이자 동상同相은 아닐까하고 생각해본다.
하나의 망상이 진여라는 이야기는 결코 아니다.
망상은 망상일 뿐이다.
그러나 진여본각과 망상불각이 동상이라고 하면
즉 망상불각이라는 것이 있는 그대로의 상태로 고요히 있으면서
더 이상 어떠한 망상도 일어나지 않는다면
그것은 진여본각과 다를 바 없는 것이 아닐까 하고 생각해 본다.
그러나 망상이 일어나기 시작하면
이상이 되어 진여본각과 망상불각은
하나가 아닌 둘이 되는 것이리라.

무명을 끊는 것
혹은 벗어나는 것
그것이 니르바나(Nirvana : 열반)라고 했다.
차안此岸에서 피안彼岸의 세계로 건너가는 것이다.
이 언덕에서 저 너머의 언덕으로 건너가는 것이다.

이 차안에서 피안으로 건너가는 수단으로
배이든지 뗏목이든지를 이용하게 될 것이다.

그 배는 요가라 불릴 수도 있으며
명상이라고 불릴 수도 있으며
탄트라라고 불릴 수도 있으며
선禪일 수도 있고
또 다른 무엇일 수도 있다.

우선 요가Yoga의 예를 들어보자.
고타마 붓다(석가세존 : 고타마 싯다르타)는
힌두교가 주류인 현재의 인도사회에서도
최고의 요기(Yogi : 남자 요가 수행자)로 존경받고 있다고 한다.

무명을 깨뜨릴 수 있는 중요한 수단 중의 하나가 요가이므로
앞으로 장황하게 설명이 이어질 것이다.

요가를 모르는 사람들에게 요가 하면 일반적으로 생각하기를
동물의 형상을 취하거나
몸을 뒤틀거나
호흡의 조절 등을 통해 몸을 유연하게 하고
건강을 유지하고 향상시키는 수단 정도로만
생각하는 사람들이 많을 것이다.
전혀 틀린 말은 아니다.
그러나 이것은

요가의 종류 중에서
'크리야' 요가(기법의 요가) 중의 하나인
통상 '하타Hatha' 요가라는 것이다.

나의 적은 지식이지만 알고 있는 범위 내에서
요가에 대해 이야기해 보고자 한다.
요가는 크게 5가지로 구분될 수 있을 것이다.

1. '갸나' 요가(지식의 요가)
2. '박티' 요가(헌신의 요가)
3. '크리야' 요가(기법의 요가)

① 하타(Ha : 태양, tha : 달) 요가
주요 수단은 자세와 호흡이다.
3개의 에너지 통로가 있다.

첫 번째는
'핀갈라' 통로라고 한다.
오른쪽 통로로서
좌뇌와 연결된 통로이며
태양의 통로라 부른다.

두 번째는
'이다' 통로라고 한다.

왼쪽 통로로서
우뇌와 연결된 통로이며
달의 통로라 부른다.
세 번째는
'수슘나' 통로라고 한다.
중앙의 통로로서
태양과 달이 합일하여 태어나는 통로이다.

② 프라나 요가
마음을 다스리는 방법으로 호흡을 사용하는 체계로서
하타 요가보다 더 미세한 요가이다.

③ 쿤달리니 요가
프라나 요가의 더욱 심오한 모습이다.

4. '카르마' 요가(봉사의 요가)
5. '라자' 요가(통합의 요가)
앞의 4요가 모두를 포함 혹은 통합한 요가로서
요가의 고전 형태이다.
주된 방식은 지식의 길이다.
지식, 헌신 및 기법을 모두 포용하고 있다는 점에서
통합 요가의 한 모습이다.

힌두의 바이블인 '바가바드 기타'에서는
'디아나' 요가(명상의 요가)를 설명하였는데 아래와 같다.

"외부의 모든 대상들을 차단하고,
미간에 집중하며
콧구멍을 거쳐 나가고 들어오는 숨을 고르게 하고,
감각과 지성을 제어하며
해방을 얻는 것을 목표로 삼고
욕망과 두려움과 화를 없앤 명상의 사람은
정말이지 늘 자유로운 사람이다"라고 하였다.

명상의 요가를 하면서
무엇을 알고
무엇에 대해 명상해야 하는지에 대해서도 설명하였다.
"나는 모든 희생제의와 고행을 즐기는 자로
온 세상의 위대한 주인으로
모든 피조물들의 유일한 벗으로 아는 사람은 평화에 이른다"

"나는 신神이다.
나는 모든 희생제의와 고행의 주인이며
그것들을 만드는 자인 동시에 그것들을 통해 은총을 주는 神이다.
나는 모든 존재들의 벗이며

그들을 위해 선善을 행하되 어떠한 보답도 바라지 않는다.
모든 존재들의 가슴속에 있는 나는
모든 행위의 결실을 나누어 주는 자이며
모든 인식의 목격자이다.
나를 아는 사람은 평화에 이르며
모든 삼사라(Samsara : 윤회)가 그친다"라고 하였다.

참고로 간디가 인도의 독립을 이끌 때 비폭력으로 일관해 왔음을
우리는 잘 안다.
그것은 그의 인생에 가장 큰 영향을 끼쳤으며
감명을 주었던 책인 '바가바드 기타'라고 하며
그의 곁에 항상 두었다고 전해진다.

'파탄잘리'의 '요가수트라'에서는
요가를 8단계로 구분하였는데
그것을 아쉬탕가Ashtanga라 부른다.
이것은 1에서 8로 순차적으로 행해지는 것이라 한다.

〈요가의 8단계〉

1. 야마Yama

금계禁戒

억압을 삼가고 삶에 방향을 주다.

생명에너지에 올바른 방향을 주다.

2. 니야마Niyama

권계勸戒

자신을 다스리기 위해

일정한 계율을 지키는 수행자의 삶.

3. 아사나Asana

좌법座法

4. 프라나야마Pranayama

조식調息

全體界와의 호흡.

5. 프라티아하라Pratyahara

제감制感

내면의 집으로 돌아오는 것이다.

6. 다라나Dharana

응념凝念

의식을 한곳에 모은다.

마음을 하나의 대상에 모으는 것.

명상의 대상에 마음을 모으는 것.

대상이 중요하다.

묵상

7. 디아나Dhyana

선정禪定

의식을 한점에 모을 수 있을 때 선정은 가능해진다.

대상에 마음이 끊이지 않고 흐르는 상태.

의식이 중요하다.

명상

8. 사마디Samadhi

삼매三昧

마음이 대상과 하나 되는 것.

의식만이 순수공간으로 남는다.

주체가 중요하다.

무아경

황홀경

금계禁戒 · 권계勸戒 · 좌법座法 · 조식調息은
'바히란야' 요가(외면의 요가)이다.
제감制感은 외면과 내면의 다리 역할을 한다.

응념凝念 · 선정禪定 · 삼매三昧는
'안타란가' 요가(내면의 요가)이다.
이 세 가지를 3야마(총제 : 總制)라 부른다.

"요가의 목적은 인간의 의식을 완전히 깨우는 데 있다.

요가는 형상과 행위 너머에 있는
내면의 참나眞我로 돌아오는 것을 목표로 하고 있다
요가의 핵심은 무명을 없애고
올바른 지식에 도달하는 것이다"

"존재의 중심으로 들어가기
존재의 중심에 뿌리박기
존재의 중심에 머물기
이것이 요가의 전부이다"라고 하였다.

무심의 경지에 이르는 데는 두 가지 길이 있는데,
하나는 탄트라*의 길이요
하나는 요가의 길이다.
탄트라는 마음을 버려 분열이 사라지며
요가는 분열을 버려 마음이 사라진다고 했다.

지식은 태양 지향적이고
직관은 달 지향적이며
프라티바**는 둘을 초월한다.
남성은 지적이고

---

* 탄트라 : 인간 내부에 있는 남성성과 여성성의 합일을 추구하는 수행법
** 프라티바 : 직관적 지혜. 지혜의 빛을 통하여 모든 것을 앎

여성은 직관적이며
푸루샤*를 성취한 붓다는 남성도 여성도 초월한다고 했다.

지성 속에서 심리학이 나오고
직관 속에서 초심리학이 나오며
프라티바는 둘 다를 초월한다고 했다.

탄트라에서는 명상과 해탈을 이렇게 표현했다.
"명상이란
집으로 돌아오는 것 외에 다른 것이 아니다.
명상은 집 안에서 휴식하는 것이다.
추구하는 마음이 불꽃 주변에 연기를 피운다.
그대는 계속 뛰어다니면서 먼지를 일으킨다.
그대의 노력 때문에 먼지와 연기가 일어나 불꽃을 가린다.
쉬어라.
먼지가 가라앉게 놔두어라.
서둘러 빨리 달리지 않으면
먼지는 일어나지 않을 것이다.
서서히 먼지가 가라앉고
그대 내면의 빛이 드러날 것이다"

---

* 푸루샤 : 순수한 각성의 상태

"해탈이란
완벽하게 자연스러운 상태를 말한다.
해탈은 자랑할 것이 못 되며
해탈은 대단한 것이 아니며
해탈은 특별한 것이 못 된다.
해탈은 그저 자연스럽게 존재하는 것이다.
그대 자신이 되는 것이다"

"해탈을 위해서는
아래의 것을 삶에서 제일가는 원칙으로 삼아라.
위선과 허위를 버려라.
주변에 인위적으로 조성해 놓은 모든 것을 버려라.
자연적이 되어라.
유동적이고 자연스러워라"라고 하였다.

불가에서는 무명無明을 12연기緣起의 시작으로 두었다.
12연기란
생사유전生死流轉의 인과因果를 설명한 것이다.
우리는 흔히 인연이란 말을 많이 쓰는데
인因은 씨앗이요
연緣은 그 씨앗이 발아되는 조건을 말한다.

인은 직접적인 원인이요
연은 간접적인 원인으로써
직접적 원인인 인이 작용할 때의 주위의 조건을 말함이다.
인연의 결과는 과보果報로 나타난다.
이것을 원인과 결과인 인연과보, 줄여서 인과라 한다.
그리하여

— 무명無明은 행(行 : 업)을 낳고
— 행行은 식(識 : 의식)을 낳고
— 식識은 명색(名色 : 이름과 형태)을 낳고
— 명색名色은 육처(六處, 六根, 六入 : 여섯 감각기관 : 눈, 귀, 코, 혀, 몸, 뜻)를 낳고,
— 육처六處는 촉(觸 : 접촉)을 낳고
— 촉觸은 수(受 : 감각)를 낳고
— 수受는 애(愛 : 욕망)를 낳고
— 애愛는 취(取 : 집착)를 낳고
— 취取는 유(有 : 존재)를 낳고
— 유有는 생生을 낳고
— 생生은 노사老死와 비애, 탄식, 불행과 절망을 낳는다.

그리하여 이 모든 불행의 집합이 생겨난다.

역으로 생각해 보자.

— 노사는 생이 없으면 멈추고
— 생은 유가 없으면 멈추고
— 유는 취가 없으면 멈추고
— 취는 애가 없으면 멈추고
— 애는 수가 없으면 멈추고
— 수는 촉이 없으면 멈추고
— 촉은 육처가 없으면 멈추고
— 육처는 명색이 없으면 멈추고
— 명색은 식이 없으면 멈추고
— 식은 행이 없으면 멈추고
— 행은 무명이 없으면 멈춘다.

이리하여 무명을 벗어나면
모든 것에서 자유로울 수 있는 것이다.

이 무명을 벗어난 상태를
힌두에서는 '묵티'라 부르며
불교에서는 '니르바나'(열반 : 붓다의 해탈)라고 하고
자이나교에서는 '목샤'(마하비라의 해탈)라 하며
요가수트라에서는 '케이발리아'(파탄잘리의 해탈)라고 부른다.
해탈이란 존재의 집으로 돌아오는 것을 말한다.

붓다의 니르바나는
에고ego의 소멸을 말한다.

마하비라의 목샤는
절대 자유를 말한다.

파탄잘리의 케이발리아는
절대적인 홀로 있음을 말한다.

붓다, 마하비라, 파탄잘리의 해탈에 대한 풀이에는
약간의 차이가 있는 것처럼 보일 수 있으나 추구하는 결론은 같다.

붓다의 니르바나는
에고의 소멸이라고 했다.
그러면 에고란 무엇인가.
에고란
윤회하는 현상계를 무수겁 동안 겪으면서 만들어진
업의 집괴라고 하였다.
그 업의 집괴가 소멸된 상태가 바로
니르바나(열반 : 해탈)라고 하였다.

12연기설에서 살펴보면 업은 행을 말함이다.

이 업은 무명으로 인해 생겨난 것이다.
즉 모든 생사윤회의 시작인 무명을 벗어나야지만
무명이 사라져야지만
이 업의 작동이 멈추는 것이다.

파탄잘리의 '케이발리아'는
절대적인 홀로 있음이라 했다.
절대적인 홀로 있음은
고독과는 완전히 다르다는 점을 알아야 한다고 했다.

"고독 속에서는 타인이 존재한다.
타인의 존재를 느끼고
타인의 부재를 절감한다.
그래서 고독은 슬프다.
고독을 느끼는 것은 타인의 존재를 필요로 하는 것이다.
그러나 홀로 있음 속에서는
타인의 필요성이 사라진다.
스스로 넘친다.
필요도 욕망도 아무것도 없다"라고 하였다.
파탄잘리는 이를 '존재의 귀향'이라 부른다.
이것이 해탈이다.
이것이 파탄잘리의 니르바나요 목샤이다.

일별은 누구에게나 찾아온다고 했다.

대승기신론大乘起信論에서는
실재의 체험은
벙어리의 꿈과 같아서
타인에게 언어로 설명할 수 없다고 했다.

그것은 이렇게 풀이 될 수 있을 것이다.
벙어리가 실재라는 꿈을 체험하고 깨어나서
다른 이에게 그가 체험한(깨달은) 실재眞我를
말로써 설명해 주려고 하나
말로써는 전할 수가 없는 것이 벙어리이다.
따라서 실재의 체험(깨달음)은 말로써는 전해지지가 않는 것이다.

24 마음 1 : 마음으로 전해지는 법法

불교라고 하지 않고 개인적으로는 불가라고 부르는데
그 이유는
많은 사람들이 믿는 유일신 혹은 다신을 믿는
일반적인 의미의 종교와 불교를 차별하여 생각하기 때문이다.
불교에는 타 종교에서처럼 숭배의 대상이 되는 신神이 없다.
굳이 있다면 부처이다.
부처는 진리를 깨달은 사람을 말함이다.
누구나 깨달으면 부처가 되는 것이다.
따라서 사람이 신神이고
사람이 부처이다.
그가 깨닫는다면….

그래서 종교라고 보지 않고,

철학 중의 가장 최상승의 철학이라고 생각한다.
인간 내면에 신성神性이 있으며
그 신성을 일깨워 참나眞我를 깨달으면 부처가 되는 것이다.
불교라 부르든 불가라 부르든
목적은 무명無明을 벗어나 진아眞我를 찾음이다.
그리하여 열반에 이르러 생사윤회의 고리를 완전히 벗어남이다.

석가모니가 제자들을 모아놓고 설법 중 연꽃 한 송이를 들었다.
다른 이들은 그것이 무엇을 의미하는지 아무도 몰랐다.
오로지 마하 카아샤파(가섭존자)만이 빙그레 웃음으로 답했다.
그것이 무엇을 의미하는지 알았기 때문이다.
이것이 불가에서 이야기하는
'마음으로 전해지는 법(진리)'이라고 한다.
수도승들의 최후의 목표인
"마음이란, 마음자리란 무엇인가?"에 대한 깨우침.

나는 스무 살쯤에 이 이야기를 처음 접하고
도대체 밑도 끝도 없는 무슨 뚱딴지같은 이야기인가 하였다.
그럼에도 이 말에 대한 생각이
머릿속을 떠나지 않고 항상 남아 있었기로
시간이 있을 때마다 생각하고 생각하였으며
그로 인한 우연찮은 인연 등으로

이제는 그것이 무엇을 말하는지 이해할 수 있으며 가슴에 와 닿는다.

나름의 생각으로 예를 들어 풀어보고자 한다.
구슬만한 알갱이가 조롱조롱 달려 있는 포도밖에 알지 못하며
또한 그것밖에 먹어보지 않은 이에게
누군가 사과를 하나 보여주었다.

그는 이렇게 생긴 물건은 난생 처음 보았기로
그것의 이름조차도 알지 못했다.
나름 세상의 물정에 통달하고 박식하다고 자부해 왔는데
생판 처음 보는 저런 형태와 색깔을 가진 물건이
이 세상에 존재했다는 것이 신기할 뿐이었다.
여태까지 배운 지식과 그의 온갖 상상력을 총동원해도
저런 형태를 가진 물건은 이 세상에 존재할 수 없었다.

동그랗고 큰 저것은 도대체 무엇일까?

그리하여 보여준 이가
"이것의 이름은 사과이며, 사과는 과일의 일종이다"라고 하였다.

그는 고개를 갸웃거리고 의아해하면서
"저것이 과일의 일종이었다니…"라는 말을 되뇌고 있었다.

그리고 생기는 의문은
“포도처럼 여러 알갱이가 붙어 하나처럼 보이는 것인가
아니면 한 알갱이가 저렇게 큼지막한 것인가?”
“먹을 수는 있는 것일까
아니면 독이 있어 먹을 수 없는 과일일까?”
“먹을 수 있다면 맛은 어떠할까?”
이러한 의문을 가지고 보여준 이에게 질문을 던지려는데
보여준 이는
그 사과를 가지고 곧 그 장소를 떠나버렸다.

그는 자신이 생각하는 사이 질문할 기회를 놓치는 바람에
망연자실하였다.
새로운 것에 관심이 많은 그로서는
처음 보고 들은 사과라는 과일을 결코 잊지 않고
틈날 때마다 계속 생각하였다.
“과연 사과라는 과일은 먹을 수는 있는 것일까?”

그렇게 한동안 고심하며 온갖 종류의 책들을 뒤진 끝에
그가 알게 된 단 하나의 사실은
사과는 먹을 수 있는 과일이라는 것이었다.
그는 고개를 끄덕이며 그 사실 하나만으로도
뛸 듯이 기쁜 발견의 즐거움을 느꼈다.

이제는 남은 하나의 생각이 머릿속에서 계속 떠나지 않고 있었다.
"과연 사과의 맛은 어떠할까?"

사과가 먹을 수 있는 과일인지의 여부는
긴 시간이 걸렸지만 책을 통하여 알 수 있었다.
그러나 맛은
책을 통해서는 결코 알 수 없으며
직접 먹어보지 않고서는
결코 알 수가 없을 것이다.

이 세상에 사과라는 과일이 몇 개나 있으며
있다면 과연 어디에 있는 것일까.
오랫동안 그에게 남은 숙제는 풀리지 않았고
온통 그 생각만이 그의 머릿속을 꽉 채우고 있었다.

'지성至誠이면 감천感天'
그의 찾으려는 지극한 노력과 그로 인한 인연으로 인해
사과는 세상천지 곳곳에 널려있음을 깨닫게 된다.
그리하여 사과를 맛볼 수 있는 기회를 가졌다.

둥글고, 불그스레하고, 맛은 시큼 달큼하고,
입에 씹히는 촉감 또한 포도와 다르며

사과도 포도와 같이 여러 종이 있으며
수확하는 시기도 다른 여러 종이 있으며
그 맛과 색깔 또한 각기 다른 것이 있다는 것을
그는 여러 종류의 사과를 먹어 봄으로써 확실히 인식하게 되었다.

이제 그는 사과라는 과일의 실체를 정확히 알고 있다.
여러 종류와
각기 다른 수확시기와
각기 다른 맛과
씹히는 촉감이 각기 다르더라도
그것은 단지 사과라고 불릴 뿐이라는 것 또한 깨닫게 된다.

사과라는 과일의 실체를 모르는 이가 사과를 먹어본 이에게
사과라는 과일은 과연 어떤 것인가에 대해 물었을 때
사과는 어떻게 생겼으며 맛은 어떠하다고 설명하기가
결코 쉽지 않을 것이다.
그렇다.
사과를 먹어보고
사과의 종류를 알며
사과의 모양새가 어떠한지를 아는 이에게는
사과라는 것에 대한 복잡한 설명이 전혀 필요 없을 것이다.
사과의 실체를 이야기할 때

단지 '사과'
이 한마디면 모든 의미는 통하는 것이다.
그러나 사과의 실체를 모르는 이들에게 사과를 설명함은
어렵기도 하려니와
사실과 약간 다르게 설명되고 이해될 수도 있는 것이다.
사과의 실체는 사과를 먹어보는 것뿐일 것이다.

"스님, 마음이란 무엇입니까?" 하고 누군가 물었을 때
어떤 스님은 "뜰 앞의 잣나무다"
어떤 스님은 "똥 막대기다"라고 했다.
질문에 대한 이러한 형태의 대답을 일러
선禪문답이라고 하지 않는가.
시인의 상상력으로
꽃이 누나의 얼굴로 표현되기도 하고
"꽃 한 송이를 피우기 위해
봄부터 소쩍새는 그렇게 울었나 보다"라고 할 수도 있다.
그러나 꽃은 다만 꽃일 뿐이다.

사과는 먹는 이의 입맛과
보는 각도에 따라 다르게 표현될 수도 있을 것이다.
그러나 사과라는 실체를 아는 사람에게는
단지 '사과'라는 말 한마디로

그가 전하고자 하는 사과라는 것의 정확한 실체를
전할 수 있을 것이다.
아니 굳이 사과라는 말조차도 필요 없다.
손으로 사과의 형태만 비쳐주어도
그 의미는 충분히 전달되고도 남는다.

마음이 잣나무일 수 없으며
또한 똥 막대기도 아닌 것이다.
사과는 사과다.
산은 산이요
물은 물이다.
마음은 마음일 뿐이다.
보일 것 같으나 보이지 않고
있는 것 같으나 없으며
그러나 있는 어떤 실체인 것이라고 생각한다.
우리는 그것을 무無 혹은 공空이라고도 표현하는데
그것은 마지막이요 순수공간을 의미함이라 생각한다.

사과라는 과일을 아는 이에게는
부연적인 설명이 오히려 사과의 본질을 흐리고도 남음이 있다.
단지 사과라는 형태를 보여주거나
단어 한마디로 어떤 세세한 설명도 필요 없이

그대로 사과의 이미지와 맛이 전달될 수 있을 것이다.
사과라는 과일을 접해 본 사람만이
사과의 실체를 이해할 수 있는 것이다.

우리의 일상 주변에 널려 있고 항상 같이하는 자연은
우리에게 끊임없이 보여주고 있다.
그러나 어리석은 대다수의 사람들은
전혀 느낌을 갖지 못하고 있다.
그것은 자신의 내부에
혹은 외부에
혹은 내외부에 존재할 것이라 생각한다.
끊임없는 정진이 필요할 것이다.
정진에 의해 반야라 불리는 지혜를 갖게 되리라 생각한다.

25 마음 2 : 범아일여梵我一如

마음이 달이다.
마음이 태양이다.

우리는 어머니의 자궁을 빌려 탄생함으로써 육신을 갖게 되며
죽음으로 인해 그 육신이 사라지게 된다.
그와 연관하여 생멸生滅과
마음자리와
범아일여梵我一如에 관한 나름의 생각을 적어보고자 한다.

처음에는 달이 보이지 않았다.
아직은 그믐이기 때문이다.

일정 시간이 지나 조그만 형태의 달이 보이기 시작한다.

일러, 탄생이라 불릴 수 있는 초승달이라 한다.

달은 차츰 커지며
성장과정 및 삶의 과정이라 할 수 있는
반달, 보름달, 하현달을 거치면서 어느덧 조금씩 줄어든다.

서서히 작아지더니
죽음이라 불릴 수 있는 그믐이 되면서 달은 사라진다.

그리고는 얼마 후
윤회라 불릴 수 있는 순환의 고리가 다시 시작된다.

달이 우리 눈에 보이지 않는다고 해서
달 그 자체가 없어진 것은 아니다.
우리 눈(의식)에 작게 혹은 크게 보인다고 해서
달 그 자체가 작아지거나 커진 것은 결코 아니다.
달은 원래 그 자리에 그만큼의 크기로 항상 존재하고 있었고
앞으로도 그대로 존재할 것이다.

어리석은 인간들은
깨우치지 못한 무명 속에 있는 인간들은
현상으로만 보이는 그 달의 모양새가 마치 전부인 양 착각하여

그 보이는 현상(허상, 환영)이 실재인 양 착각하는 것이다.

우리의 마음(실체, 실재)도 이와 같을 것이다.
그것은 그 자리에 항상 변치 않고 그대로 있다.
단지 우리가 깨우치지 못하는 어리석음(痴 : 무지)으로 인해
알지 못할 뿐이다.

나의 육신(현상계의 환영 : 달의 나타남과 사라짐)이 없어진다고 하여
그 달의 본체眞我가 없어지는 것은 결코 아니며
달은 변치 않고 그대로 그 자리에 그만큼의 크기로 항상 있다.
이것을 깨우치는 것이 해탈이고
열반이고
해방일 것이다.

달은 태양이 비춤에 따라
혹은 달의 위치(현상계에서 환영을 바라보는 시각 혹은 현상계의 원리)에 따라
우리 눈(의식)에 그 모양새가 다르게 보일 뿐.

달을 비추는 것은 태양이다.
태양梵이 달我이고,
달我이 태양梵이다(梵我一如).
우주梵가 나我이고,

소우주인 내我가 또한 우주梵이다(梵我一如).

태양과 달은 결코 변함이 없었으며
그 자리에 그대로 있을 뿐이다.
우리가 보고
접하고
느끼고 있는 모든 것은
달의 형상이 변하는 것처럼 단지 환영에 불과할 뿐이다.

마음의 눈
마음자리를 깨우치면 그것이 열반Nirvana이라고 했다.
해탈이라고 했다.
해방이라고 했다.

만월로서 그 빛을 발하는 달이
항상 변함없이 그 자리에 있다 할지라도
먹구름(無明)에 가리면 혹은 우리가 눈을 뜨지 못하면
마치 달이 없는 것인 양 보게(인식) 된다.
마음은 있는 그대로
여여如如(변함이 없음)할 뿐이다.
원래부터 없던 것을 찾는 것이 아니다.
원래부터 내 자신 속에 있는 것을 인식하는 것이다.

원래부터 내 자신 속에 있는 것을 각성하는 것이다.

불가에서 전해지는 각각의 그 수많은 경전들은
달(마음자리)을 가리키는 각각의 손가락일 뿐이라고 했다.
그러나 사람들은 미욱하여 달을 보지 못하고
달을 가리키는 손가락만 보며 그 손가락에 집착할 뿐이다.

26 집중과 이완

힘의 집중과 이완
이것만 제대로 조절할 줄 알게 된다면
인생에 있어서 절반의 성공은 거둔 셈이라고 생각한다.

자손의 생산을 위해 거시기를 곧추 세워야 할 때가 있다.
필요할 때
정확한 시간에
강하게 곧추 서서
제 역할을 충분히 한 연후에는
스스로 사그라져야 한다.
이것이 집중과 이완의 가장 단순한 예이다.
만약 거시기가 하루 종일 1년 365일
죽지 않고 계속 그 자세로 있다고 가정한다면 어찌 되겠는가?

이것은 직장에서의 업무이거나 사회생활에서도
그대로 적용될 것이다.
1년 365일을 거시기가 서 있는 것처럼
계속 긴장하여 업무를 보게 된다면
그것은 제대로 된 업무의 수행을 계속할 수 없게 되는 것이다.

일할 시간에는 긴장하여 최선을 다하고
일과 후에는 긴장을 풀어야 할 것이다.
이완된 자세로
충분한 휴식과
자유시간과
사고의 여유를 가질 수 있을 때만
제대로 된 성취를 이룰 수 있을 것이다.

인생에 있어서 이완의 의미는 여백과 같을 것이라 생각한다.

그리고
자신을 아는 것
자신의 의지를 넘어 자신을 제대로 제어할 수만 있다면
이것은 완전한 성공이라 부를 수 있지 않을까.

27 눈에 보이지 않는 것들의 반란

곰팡이나 바이러스는 인간들의 눈에 잘 띄지 않고
어디에선가 서식의 최적조건을 찾아 잠복하고 있다.
그러다가 일정한 조건에 이르면
어디에선가 나타나 그들의 본색을 드러낸다.

장마철 집안 구석구석에 끼여 있는 곰팡이들을 보게 되면
그동안 보이지 않던 그들이
과연 그동안 어디에 숨어 있었을까 하는 의문이 생긴다.

바이러스는 또한 어떠한가.
인간을 포함한 자연계 동식물들의 최소 생존조건만 성립되면
그들은 어느샌가 들어와 그들의 공간을 확보한다.
그들은 우리가 값을 지불하지 않는다는 이유 하나로

일부러 신경 쓰지 않으나 잠시라도 취하지 못하면 목숨을 잃게 되는
그 흔하디흔한 공기 중에서
우리와 같이 호흡을 하며 공존하고 있는 것이다.

우리는 배고프면 밥을 먹는다, 매 끼니.
몸은 양식을 원한다.
수주일 먹지 못하게 되면 우리는 필히 죽게 되고 말 것이다.
우리의 육신은 시들어 죽게 될 것이다.

그러나 한편, 우리의 정신세계는 어떠한가.
매 끼니 아니 며칠에 한 번씩이라도
정신이 먹을 수 있는 제대로 된 양식을 주는가.
양식을 주지 않아도 정신이 죽지 않는다고 그냥 방치하는가.

보이지 않는다고
양식 없이도 죽지 않는다고
우리의 정신세계를 온전히 가꾸지 않고 방치한다면
눈에 잘 띄지 않고 잠복한 곰팡이나 바이러스와 같이 정화되지 못한
오염된 의식의 잡초만이 우리의 순수한 정신세계의 바탕을
온통 뒤덮어 버리고 말 것이다.

28 공포심의 극복에 관하여

개인적인 예를 인용해 보자.
나는 고등학교 시절 한때
심령과학 서적을 읽고서 그것에 빠져
사후세계에 관한 궁금증을 풀기 위하여
전 세계에서 죽었다가 다시 살아난 사람들에 관한 자료를 수집하여
분석한 적이 있었다.
그리하여 사후세계가 과연 그들이 본 것과 같으며
빙의는 또한 어떠한 것이며
내가 죽는다면 나는 어떠한 경험을 하게 될 것인가에 대해
상당한 호기심을 가지고 있었다.
그리고 어리석게도 나름의 판단을 하여
죽어도 다시 살아날 수 있을 것이란 생각을 하게 되었다.
물론 자신의 육신은 아니겠지만.

그리하여 친구에게 부탁하여
철공소에 다닌다는 그 친구의 아는 사람으로부터
청산가리 한 봉지를 얻게 되었다.
주먹만한 청산가리 한 봉지를 교복 속에 넣어 다니면서
내 자신에게 죽음을 실험할 기회를 엿보고 있었다.
이때 당시 우리 친구들 사이에서
청산가리의 맛은 시다 달다 어떻다고 하더라 하는
이야기가 있었기로
어리석고도 어리석게 맛이 과연 어떠한지도 시험을 해 볼 수 있는
기회라 생각하기도 했었다.
그러던 어느 날 손가락의 베인 상처가
청산가리 덩어리에 닿게 되었는데
당장에 진물이 흐르며 그 고통이 상당함을 느꼈다.
그리고 그 상처가 낫는데도 상당한 시간이 걸렸다.
그러면서 느낀 것이
청산가리를 먹는 것까지는 좋으나
그 청산가리가 내장을 녹이는 동안 전해질 끔찍한 고통이
두려움으로 다가오는 것이었다.
고통을 느끼면서까지 죽기는 싫었다.
이리하여 어리석은 죽음의 시도는 막을 내렸다.

이리하여 수년여 잊고 있던 것이

軍생활 시절 여러 섬에서 근무하던 중
후방의 어느 섬에 근무하게 되었을 때
전에 심령과학서적에서 본 것에 대한 호기심이
다시 발동하기 시작하였다.

산꼭대기에 있는 부대로 올라가거나 산 뒤편의 유인등대로 가려면
차가 다니고도 남을 만큼 너른 산길 초입 도로 옆에 있는
상엿집 옆을 거치거나
아니면 산속 오솔길을 택하는 두 종류의 길이 있었다.
낮에는 민간인 군인 가릴 것 없이 누구나 이 큰 도로를 이용했으나
밤에는 마을사람들은 아예 이 도로를 이용하지 않았고
또한 군인들도 좁고 침침하지만 산속 오솔길로 랜턴을 들고 다녔다.

그 이유는
밤에 이 상엿집 곁을 지나면
오래 전에 목매달아 죽은 처녀 귀신을 만나게 될 소지가 있어
간이 떨려 다닐 수도 없고
만약 그 처녀 귀신을 만나게 된다면
며칠을 못 넘기고 죽게 된다는 것인데
이 마을 사람들 중 전에도 그랬고 얼마 전에도 그리하여
사람이 시름시름 앓다가 며칠을 못 넘기고 죽었다는 것이다.
그리하여 이 상엿집은

밤에 이 마을에서 공포의 장소이자 대상이었다.

동네에서 부딪힐 사람들의 번잡함을 피하기 위해
1년에 한 번씩만 제祭를 위하여 문이 열리는
아무나 들어올 수 없는 마을의 수호신을 모신 사당에
밤중에 담을 넘어 들어가 조용함을 즐기며 술을 마시던 중
같이 갔던 아래의 수병水兵으로부터
상엿집에 관한 이런 이야기를 우연찮게 들은 나는
호기심이 발동하여 있는 술을 비운 즉시 그곳을 찾기로 하였다.

그리하여 그 수병에게 그곳이 어디인지 같이 가자고 하였더니
이 친구 기겁을 하면서 피하려고 하는 것이었다.
랜턴도 하나밖에 없으니 부대로 올라가려면 어찌됐든
행동을 같이 해야 할 것 아니냐 하며 그 친구를 구슬러
거의 자정이 다 된 시간에 소주 1병을 사들고
공포의 장소이자 대상인 그 상엿집을 찾았다.

술도 약간 마셨고
한 사람이 곁에 있었기에 그리 겁나는 것도 없었고
또한 랜턴을 가지고 있었으니 특별히 두려움은 없었다.
둘이서 상엿집 안으로 들어가 랜턴 켜고 소주를 마시며
좁은 상엿집 안을 둘러보니 특별한 것은 없고

관이 하나 눈에 들어오는 것이었다.
궁금하여 관 뚜껑을 열려고 하니
이 친구 기겁하며 며칠 전 사람이 죽었는데
혹시 그 안에 시신이 있을지 모른다는 것이었다.
상엿집에 시신을 놔둘 리 만무하며 만에 하나 시신이 있다 하더라도
그게 무슨 대수냐며 나는 관 뚜껑을 열어 보았는데
거기에는 상여에 필요한 여러 가지 울긋불긋한 나무판들만
가득하였다.

다음날 저녁
마을의 가게에 들렀더니
내가 지난밤 상엿집에 들렀다는 소문이 온 동네에 벌써 퍼져 있었다.
이 가게의 할머니는 두려움과 걱정이 가득한 눈빛으로
나를 염려하며
며칠 못 넘기고 다 죽었는데 몸조심하라는 것이었다.
아무리 작은 동네지만
한밤중 상엿집에 들른 것이 어떻게 소문이 나냐고 물어보았더니
상엿집에서 가장 가까이 사는 사람이
밤에 화장실에 볼일 보러 나왔다가 상엿집에 불빛이 잠시 비쳐
도깨비불인가 싶었는데
나중에 사람이 나오는데 보니 군인인데 나인 것 같더라는 것이다.

나는 며칠 후
두려움을 없애기 위해 술을 조금 마시고,
랜턴 들고 한밤중에 혼자서 그곳을 다시 찾았다.
랜턴을 켜 놓긴 했지만
혼자 있으려니 약간의 두려움이 밀려오는 것이었으나
한동안 버티다가 그곳을 나왔다.

며칠 후 한밤중
이번에는 맨 정신으로 랜턴 들고 역시 혼자서 그곳을 찾았다.
그러나 랜턴은 켜지 않고 깜깜한 상태에서 한동안 있었다.
그러다가 등이 서늘하여 도저히 견딜 수 없으면
랜턴을 잠시 켰다 끄고 하면서
두려웠으나 한참을 버티다가 그곳을 나왔다.

당시 과연 귀신이 있다면
내 눈으로 직접 확인하고 꼭 만나보고 싶었다.
그러나 그런 일은 일어나지 않았고
이런 과정을 거치면서 당시까지 가졌던
귀신에 대한 두려움과 무서움을 나름대로 극복할 수 있었다.
그리고 동네에서 두려워하고 걱정하던 일이
나에게는 일어나지 않았다.

나의 개인적인 견해로는
귀신뿐 아니라
자신에게 있어서 공포의 대상이 되는 것들을 극복하고자 한다면
공포의 대상에 대해 두려워하여 멀리만 할 것이 아니라
조금씩 조금씩 그 공포의 대상에 다가가 봄으로써
극복될 수 있는 것이 아닐까 하고 생각해 본다.

일체유심조一切唯心造
모든 것은 마음에서 일어나는 것.
현상으로 보이는 모든 것은
마음먹기에 따라 달라질 수 있는 것이리라.

노을을 바라보는 시각은 각자 다를 수 있을 것이다.
사랑하는 남녀 한 쌍이 파도가 쏴~ 쓰~ 밀려들고 나는
백사장에서 두 손을 꼭 잡고 사랑의 밀어를 나누며
바다 속으로 빠져드는 일몰을 감상함은
두 사람의 사랑을 깊이 하며 가슴에 오래 남을
한 폭의 그림과 같은 추억이 될 수 있을 것이다.
하지만 죽음을 앞둔 시한부 생명을 선고받은 환자의 몸으로
휠체어에 앉아 바라보는 일몰의 장엄함은
자신의 처지를 더욱 서글프게 만들 것이다.
태양은 어떤 의미도 두지 않고 매일 뜨고 진다.

그러나 그를 받아들이는 사람들의 마음가짐과 처지에 따라
희망을 줄 수도 있고
서글픔을 안겨 줄 수도 있는 것이리라.

29 믿음 : 공포와 의심의 공통점

적당히 음침한 조명과
음산한 음악을 배경으로 하고
분위기를 서서히 고조시켜 가면서 귀신 이야기를 하면
등 뒤가 서늘해지며
정말로 귀신이 등 뒤에 서 있는 것처럼 느껴진다.
돌아보면 없으나 다시 몸을 돌리면
여전히 등 뒤에서 나를 지켜보는 듯하다.

의심이란 것도 이와 같아서
적당한 환경과 조건을 만든 후
분위기를 점점 고조시켜 가면
실제로는 없으나 정말 있는 것 같은 느낌의
실상 같은 허상의 의심을 만들어 낼 수 있을 것이다.

공포는 분위기를 고조시켜
증폭 또 증폭시키면서
극한의 공포를 만들 수 있을 것이다.

의심 또한 최대한의 증폭을 통해
의심의 극한을 만들면서
증오 내지는 살인까지도 유도할 수 있을 것이다.

분위기가 조성되고 무르익은 후
화자의 손짓 하나와 단순한 손 가리킴 하나로도
공포의 분위기를 조성할 수 있으며
의심의 대상이 되는 사람이 아무런 복선 없이 내뱉는
사소한 말 한마디와 사소한 행동 하나에도
의심하는 마음을 가진 자의 마음과 눈에는
그것이 예사롭지 않게 다가오며
의심의 증폭을 가져올 수 있는 것이다.

믿음은 의심에 비해 통상 소극적인 것으로
만약 상대를 의심하듯이
의심을 가지는 마음만큼
꾸준히 대상에 대한 믿음의 마음을 가지게 된다면
소극은 적극으로 바뀔 수 있을 것이나

대부분의 사람들은 결코 그러하지 못하다.
다른 사람의 장점보다 단점이 더 두드러져 보이고
또한 허상과 실상을 구분할 수 있는 수양의 깊이와
마음의 여유가 없기 때문이리라.

누구나 알고 있는 공포를 조장하는 일반적인 방법은
공포영화에서의 통상적인 방법처럼
공포 분위기를 서서히 마련하면서 조용히 이야기를 이끌어간다.
음산한 배경음악과 더하여 적당히 어두운 조명은 필수가 될 것이다.
그러다가 설마설마 했던 상황에서
일순간 귀를 때리는 음향효과
혹은 돌발적인 상황을 연출하여
극적인 공포감을 유발시킴으로써 심장을 오그라들게 만들며
소름을 돋게 만들 수 있을 것이다.

의심이란 것도 이와 하나 다를 바 없어서
화자의 고의적이고 치밀한 의도에 의해
실제로는 존재하지 않으나 있는 것처럼
서서히 그 상황과 분위기를 조장해 가면
허상이었던 의심이
실상의 의심으로 명확히 존재하게 돼 버리는 것이다.
그리고 화자가 의도했던 대로 결정적인 순간이 왔을 때

의심하는 자의 마음에 있는
그 실상 같은 허상의 의심이란 다이너마이트에
불을 붙이기만 하면 되는 것이다.
화자는 단지 불만 붙일 뿐…

화자가 작위적으로 만든 이 의심이란 존재에 의해
얼마나 많은 사람들이 억울함을 당하였던가.

사기史記를 쓴 불세출의 사성史聖 사마천司馬遷이
흉노에 포로로 잡혀있던 이릉李陵을 변호하다가
화자들의 이해에 걸려
한漢무제로부터 목숨과 맞바꾼 그 치욕적인 궁형은 어떠한가.

조선시대 개혁의 시발점이 될 수 있었던
중종조의 조광조趙光祖는
화자들의 주초위왕走肖爲王이란 날조에 의해
개혁의 꿈을 접으며 스러져 가지 않았던가.
후에 화자들은
그를 일컬어 급진개혁주의자라며 또한 매도하지 않았던가.

현 시대의 우리들 특히 술수가 난무하는 정치판은 어떠한가.
대승적인 안목으로

국가의 발전을 위한 계획과 실천에 주력해도 모자란 시간에
그들의 속성이라며
정권을 쥐기 위해서 혹은 당리당략을 내세우며
간교한 술수로 상대를 깎아 내리고 흠집 내기에 여념이 없는 것이다.

이것은 단지 정치판이라는 한 분야에 머무는 것이 아니고
노사관계
직장 내의 동료관계
부부관계
친구 간의 우정
남녀 간의 애정 등에 있어서도 하나 다를 바 없을 것이다.

또한 변질된 종교는 어떠한가.
종교지도자들이라 불리는 그들은
여태까지 변함없고 오염되지 않았던 사람들의 자신을
스스로 의심하도록 호도하여
왜곡된 종교관과 왜곡된 신념으로
절대자인 신이라는 존재를 들먹이며
사랑해야 할 대상을 증오의 대상으로 은근슬쩍 바꾸어 놓으며
종교의 근본과는 무관한 주제를 신의 말씀인 양 주입시키며
다른 이들의 의식을 흐리게 만들어 놓는다.
이것은 최악의 경우

전쟁의 유발 내지는 테러리즘으로까지 변질될 수 있으며
그것까지는 아닐지라도 종교의 본질을 흐려
다른 사람들의 삶을 망치는 결과를 초래하는 것이다.
의심
의심
의심.
화자가 지어낸
존재가 없으나 있는 것처럼 분위기가 조장된 의심이란 존재.
귀신이야기의 공포와 같이
우리의 등 뒤에서 늘 서늘함을 만들어 내고 있는 것은 아닐까?

설령 그 공포나 의심이 허상이 아닌 실상일지라도
공포나 의심을 인식하고 조장하는 그 의식의 조절로써
있는 그대로의 사실로 머물게 하거나
혹은 최소화할 수 있는 것이 아닐는지.
우리의 그 의식이 항시 깨어 있다면
우리의 세상은
등 뒤의 서늘함을 없애고 진취적이고 밝아지지 않을까.

30 국화國花로 본 민족성 : 일본의 사쿠라와 조선의 동백

국화國花는
그 나라 국민들의 개성을 상징적으로 나타내는 꽃일 것이다.

사쿠라(벚꽃)는 일본의 국화國花다.
일본의 국화인 벚꽃은
짧은 시간에 꽃이 일제히 만개하여 화려함을 자랑하고
짧은 시간에 우수수 떨어지며 감동을 자아낸다.
많이 모여 있음으로 해서 그 꽃의 화려함이 돋보이는 꽃이다.
따라서 한 개 내지는 몇 개의 꽃으로는
그 아름다움이 확연히 드러나지 않는
모래알과 같은 꽃이라고 할 수 있을 것이다.

일부의 사람들은
이러한 벚꽃의 개성이 사무라이의 쌈박함과 같으니 어떠니 하면서

화끈한 개성을 지닌 꽃이라며 말들을 한다.
그렇다면 일본의 국화로서
일본인들의 개성을 상징적으로 드러낸다는 벚꽃은
과연 일본 국민의 개성에 합당하게
벚꽃이 만개했을 때의 화려함과 아울러
꽃이 질 때의 그러한 쌈박함을 가지고 있을까?

나의 소견으로
그들 사고의 기준에 의한 그들 나름의 쌈박함은
한 예로
태평양전쟁 당시까지
신과 같이 추앙되던 일왕에 대한 충성을 부르짖으며
태평양 전쟁 시 신풍(新風 : 가미가제)이라 불리며
미국의 군함에 몸을 내던진 가미가제 자살 돌격대가
그 대표적인 경우가 아닐까 생각된다.
이와 관련하여
그들의 국가國歌인 기미가요(きみがよ : 君が代)의 가사를 살펴보면
"천황의 치세가 천년만년 이어지며
모래가 뭉쳐서 돌이 되고 바위가 되고
거기에 이끼가 낄 때까지…"의 내용으로
천황의 통치가 영원하기를 기원하는
천황을 찬양하는 노래인 것이다.

일본인 하나하나가 하나의 벚꽃과 같이 모래알과 같은 존재로서
천황에게 충성을 바치자는 여운을 담고 있는 것이 아닐까 싶다.
누가 보더라도 국가國歌라고 부를 수 없는
단지 개인에 대한 찬양 노래인 것이다.

20세기 초 제국·군국주의 시대에나 가능할 법한
개인 찬양의 노래를 국가라고 우겨왔으니
현 시대의 자국 내에서조차 인정을 받지 못하는 것이
당연하지 않겠는가.
그러다가 1999년 8월
국가國歌로 규정하는 법률안이
일본 국회에서 결국은 확정되기에 이른다.
현 시점에도 그러하지만
그 과정에서 다수 일본 지식인층의 많은 반대가 있었으며
그리하여 이 국가國歌와 관련된 이야기로
여러 이야기 중 일본열도를 술렁이게 만든 한 사건만
예로 들어보자.

1999년 2월
졸업을 앞둔 히로시마의 한 고등학교 교장이
목을 매어 자살한 사건이 발생한다.
현의 교육위원회가 졸업식에서 기미가요의 제창을 지시한 것이다.

이에 교원노조는 제국주의의 침략성을 기리는 처사라며 반발하고
교장은 연일 회의를 열어 문제를 해결하고자 노력했지만
허사로 그친다.
고민하던 교장은
"다른 길은 없었다.
이젠 무엇이 옳고, 무엇이 그른지 모르겠다"는 쪽지를 남기고
목을 매어 자살한 것이다.
그들의 지식인층은
기미가요가 결코 국가國歌가 될 수 없음을
죽음으로 대변한 것이다.

2003년 6월 6일 현충일
우리나라의 노무현 대통령이 일본에 국빈방문을 하였다.
그런데 일본에 도착하기 1시간여 전
그들은 국회에서 유사법제有事法制를 압도적인 지지로 통과시켰다.
유사법제란
유사시 즉 위기·비상사태에 대비한 각종 법 제도를 말함이다.
일본은 미국과의 태평양전쟁에서 패한 후
전쟁을 금하는 평화헌법을 만들게 된다.

그러나 유사법제는
상대로부터 공격을 받거나 또는 위협이 된다고 판단됐을 때

상대를 공격할 수 있는, 즉 전쟁을 수행할 수 있는 법이 되는 것이다.
그들이 패전 후 만든 평화헌법에 정면으로 배치되는
평화헌법을 파기하는 것이 되는 것이다.
그들이 만든 자신들의 헌법을 부정하는
논리에 맞지 않는 법이 되는 것이다.
그들에게는 생존권의 문제라는 유사법제 제정에
우리가 이래라 저래라 하고 깊이 관여할 수는 없겠으나
외국의 원수를 초청해 놓고
그것도 초청국과 역사적인 사건의 연장선상에 있는 법제를
많은 일본 지식인들의 반대에도 불구하고 허겁지겁…
우연의 일치로 보기에는 법제 통과시점이 너무나 야릇하고
뒷맛이 개운치 않은 여운을 남기고 있는 것이다.

주변의 여러 국가들이
그들이 군국주의를 다시 부활하는 것이 아닌가 하는
깊은 우려를 나타내며 의심의 눈초리로 보고 있다.
그것은 패전 후
그들이 진정 반성하는 자세와 믿음을
전쟁 피해 당사국들에게 주지 못하는 행동을 해왔기 때문이다.

일본과 같은 길을 걸으며
수많은 유태인을 학살하고

유럽 전역을 전쟁의 불구덩이로 몰아넣었던 독일은
패전 후 전범에 대한 처벌과
진심으로 반성하는 자세와
아울러 피해에 대한 충분한 보상을 하였다.

그러나 일본은
가슴에 와 닿을 만한 반성과 배상을 해오기는커녕
오히려 패전 후 60여 년이 지난 지금에도
과거 그들이 전쟁으로 저지른 죄악에 대한 반성의 거울로 만든
평화헌법을 파기하는 행동을 스스럼없이 함으로써
그들 자국 내의 지식인층의 반발뿐만 아니라
주변국가로부터 의심과 우려의 눈길을
피할 수 없게 만들고 있는 것이다.

십수 년 전,
출장으로 일본에 며칠 머무른 적이 있다.
같이 갔던 동료와 교분이 있던
고베神戶에 직장을 둔 예순이 다 된
같은 업종에 종사하는 네덜란드 엔지니어와
자리를 함께 할 기회가 있었다.
그는 일본에서 수십 년간을 살았으며
그리하여 일본어를 능통하게 말하고

그보다 몇 살 연상의 그의 부인은 영어를 수월하게 말하는
소위 인텔리 일본인이었는데 저녁 식사를 함께 하게 되었다.

이런저런 이야기를 하던 중
남자들끼리의 화제에 잘 참아준 그의 부인에 대한 미안함과 배려로
일본의 소설가 '미시마 유키오三島由紀夫'의 이야기를
혹시나 싶어 끄집어내어 보았다.
그녀는 당장 반색을 하며
그녀와 동시대의 사람이었던 그를
내 나이에 어떻게 아느냐는 것이다.
나는 청소년기에
'가와바타 야스나리川端康成'의 소설 '설국雪國'과
'미시마 유키오'의 소설 '금각사金閣寺'와
당시 우리나라에서 금서로 분류되던
그의 책(원제 : 不道德教育講座) 한 권을 접할 기회가 있었다고 했다.
내가 본 '미시마 유키오'의 不道德教育講座는
출간 당시 일본에서도
상당한 센세이션을 일으킨 책이었다는 것이다.

그는 당시의 일본 젊은이들에게 우상과 같은 존재였단다.
그녀가 젊은 시절에 가장 좋아했고 존경했으며
아직도 가슴에 깊이 남아 있는 이가

바로 '미시마 유키오'라는 것이었다.
그녀와 같은 세대의 많은 사람들이
'미시마 유키오'를 그리워하고 있다는 것이다.
이야기는 급전하여
그녀와 '미시마 유키오'에 관한 이런저런 이야기를 나누었는데
그가 썼던 '금각사'라는 소설의 주인공이 갈등하는 젊은 승려이듯이
한국에도 구도의 과정에서 갈등을 겪는 승려의 이야기를 다룬
소설이 있는데 '만다라'라고 하며
영화로까지 만들어졌다고 말하여 주었다.
이런 등등의 이야기로 한동안 이야기꽃을 피웠는데
그녀가 존경했다는 '미시마 유키오'로 인하여
그녀로부터 진심에서 우러나는 환대를 받았다.

그리하여 초저녁에 시작된 예의상의 간단한 식사는
자정을 넘는 늦은 시간까지 여러 장소를 옮겨 다니는
전형적인 술꾼들의 술자리로까지 이어지게 되었다.
평소 술을 좋아하는 그녀의 남편이었지만
직장과 집의 거리도 있고 하여 술자리가 쉽지 않았으나
예외적으로 이렇게 늦은 시간까지 마나님의 동석과 허락 하에
유쾌하게 맘껏 술을 마셔본 적이 없었단다.
그녀는 고베에서 조금 떨어진 아카시明石라는 도시에 있는
그녀의 집으로 언제라도 좋으니 방문을 하면

시간에 상관없이 나를 반갑게 맞겠다는 것이었다.
참고로 '아카시'는
위치상 일본열도의 정중앙에 위치한 도시로서
우리가 흔히 말하는 동경 표준시라고 하는 것은 동경의 시간이 아닌
사실은 아카시市 천문대의 시간을 기준으로 말하는 것이다.

'미시마 유키오' 그는 누구인가?
'가와바타 야스나리'의 뒤를 이어
노벨 문학상 후보에 오르기도 했다던가 하는 그는
1970년 11월 그와 뜻을 같이하는 회원 4명을 이끌고
육상자위대에 난입하여 총감을 감금하고
각료 8명에게 중경상을 입힌 뒤 발코니에 나와
일본 제국의 재건을 위해 자위대의 각성과 궐기를 촉구하며
할복자살을 하기에 이른다.
일본 제국주의 시대의 전성기에 태어난 그는
신처럼 추앙되던 천황이 패전 후 인간으로 추락함으로 인해
일본인들의 구심점이 없어진 것을 안타깝게 생각하며
과거 전성기 일본의 부활을 꿈꾸는
제국주의자가 아니었던가 생각되어진다.
그리하여 그의 죽음은 그와 같은 시대를 살았던 당시 젊은이들에게
제국주의 시대 일본의 영광을 재현하고자 한
영웅으로 각인됐을 수도 있을 것이다.

위에 언급한 그녀는
과거 외국과의 무역회사에 종사하였던 관계로
그녀 연배의 예순을 넘긴 일반 사람들에 비해
나름대로 국제적인 감각을 가진 제법 깬 사람이었으나
'미시마 유키오'를 가슴속에 묻어두고 있는
그녀의 여러 이야기를 접한 뒤
패전 세대 중의 많은 사람들은 아직도
과거 제국주의 시대 일본의 영광을 그리워하고 있구나
하는 것을 느낄 수 있었다.

이와 관련 있을 대표적인 일본의 정치인 한 명을 예로 든다면
1980년대 일본 수상을 지낸 '나카소네'가 있다.
일본이 패전했을 때
그는 초급장교였던가 그랬는데
그는 일본의 무조건 항복에 울분을 토하며 스스로 할복을 하여
전 일본열도를 떠들썩하게 만든 인물로 알고 있다.
가까스로 목숨을 건진 후 영웅시되며
결국은 일본의 수상에까지 오르게 된다.
그의 복부에는 스스로 칼로 그은 흉터가
아직도 훈장처럼 남아 있을 것이다.
2003년 6월 우리 대통령의 일본 국빈 방문 때
비춰진 TV화면에 정치인의 한 사람으로서 참석한 그의 얼굴을

여전히 볼 수 있었다.
여전히 건재한 그의 얼굴을 대하면서
그의 복부에 아직도 훈장처럼 남아있을
칼자국의 흉터가 겹쳐서 나타나는 것은 무슨 이유일까?
단순한 기우일까?

사쿠라는 모래알일 뿐이다.
집단(조직)이 형성되지 않으면
아무 짝에도 쓸모없는 모래알일 뿐이다.
이것이 일본인들의 개성이 아닐까 싶다.
즉 국가라는 큰 조직이나 어떤 집단에 속해 있는
하나의 모래알과 같은 개성 없는 개성을 지닌 국민들이
바로 일본인들이 아닌가 생각한다.

그리하여 일본인들은
개인의 개성이 제대로 드러나지 않는 조직의 일원으로서는
역할을 제대로 충실히 할 것이나
개별적으로는 무엇을 제대로 할 수 없는 민족이 아닌가 생각한다.
왜냐하면
그들은 오랜 세월동안 조직의 일원으로서
모래알과 같은 역할에 길들여져 있기 때문이다.

그리하여
이러한 그들의 개성을 십분 이용한 위정자들의 책략에 의해
일면 그들 국가의 축소판을 보는 것 같은 조직의 논리를 가진
야쿠자의 광기를 발동하여 조직의 번성을 위하여
개인의 충성을 요구하고
첨단무기의 군사력이 세계 제2위인
그들의 군사력을 이용하여
다시 사쿠라를 만개시켜 보고자 하는 과거 집착적인 광기를
다시 발동하게 되지나 않을까 하는 우려가 있음을 떨칠 수 없다.
혹자는 시대가 예전과 다르고 세상이 바뀌었으니
그러한 걱정은 기우가 아닐까 할지 몰라도
그들의 많은 지식인층의 반대에도 불구하고 이루어지는
그들 조직의 리더 격인 위정자들이
그들 국가의 생존논리를 내세우며
어떤 결과물을 만들어 내는 과정에서 발생되는 여러 행태를 보면
단순한 기우만은 아닌 것으로 비춰진다.

일본인들의 특성을 이해하기 위한 단편적인 몇 가지 예를
사족처럼 붙여 보고자 한다.

우리는 일본인들이 예의 바르며
질서나 공중도덕을 칼같이 잘 지키는 사람들로 알고 있다.

사실이 그러하다. 누구나 모범으로 삼을 만하다.
그러나 그 내막을 살펴보자면 이러한 것이 아닌가 생각된다.
그들은 어릴 때부터 질서나 공중도덕을 제대로 지키기 위한
교육을 철저히 하는 걸로 알고 있다.
이것은 단지 현재의 한 시점에 이루어진 것이 아니고
과거 제국주의 시대부터 있어 온 것이라 생각한다.

그들이 제국주의의 깃발을 자랑스럽게 나부끼던
자랑스러운 황국신민으로서
신으로까지 추앙되던 천황에 대한 충성을 위해
각 개인은 하나의 모래알과 같은 존재로서
조직의 규율이나 법에 어긋나는 행동을 함은
용납될 수 없었던 것이기 때문이 아닐까 싶다.
결과로는 좋은 것이나
그 결과를 만든 과정이 썩 유쾌하지 않은 것이다.
로봇은 자의적인 해석을 하여 질서를 결코 흩뜨릴 수 없다.
주어진 프로그램과 절차에 따라 움직일 뿐이다.

어느 나라이건 각 지역에 사는 사람들은
그 지역의 환경이나 기후 그리고 역사적인 사건 등으로 인하여
나름의 지역기질이 있기 마련이다.
우리는 그것이 부정적인 이유이든 긍정적인 이유이든

어떤 지역의 사람들은 어떤 기질을 가지고 있다며 이야기하고 있다.
대한민국에만 지역갈등과 지역감정이 있었고
다른 나라에는 없는 것이 결코 아니다.
그것은 술수와 기만에 능한 쓰레기 같은 전략을 구사하는
정치가들에 의해, 지역기질을 얼마나 지역감정으로 바꿔
다른 방법으로 표면화시켰느냐 아니냐의 차이일 뿐이다.
나의 경험과 그 지역에 사는 사람들의 입을 통해서
직접 들은 바에 의하면
유럽에도 지역감정 내지는 지역갈등이라는 것이 있고
이웃나라인 일본에도 엄연히 존재하고 있다.

일본의 경우
오사카를 중심으로 한 관서지방과
도쿄를 중심으로 한 관동지방 사람 간에 지역기질의 차이로 인한
심리적인 갈등이 있다고 했다.
아래의 이야기는
관서지방 일본인이 관동지방 일본인을 보고
들리지 않게 비아냥거리며 나에게 직접 한 말 중의 일부이다.

동경에 있는 관동사람이
자기 집으로 언제 한번 놀러 오라고 말하였다.
그 이야기를 들은 관서지방 사람은

자신을 진심으로 초대한 것으로 알고
이후 그의 집을 방문하게 되었다.
그런데 그 방문을 받은 동경사람은
그냥 한번 해본 소리인데
진짜로 방문했다고 내심 당황해하며
얼굴에 불편한 기색을 감추지 못했다고 한다.

위와 연결된 이야기로
점심에 초대를 받아 이야기를 나누다 보면
어느 정도 시간이 흐르게 마련이다.
주인은 손님에게 저녁식사를 들고 가라고 말한다.
이때 만약 "알겠다, 그리 하겠다"고 이야기하면
주인은 속으로 그냥 해본 소리인데
정말로 머물 모양이라며 재수 없다고 생각한단다.

우리나라에도 이와 비슷한 예는 있을 것이다.
과거에 지방 사람들이 서울 사람들을 부를 때 깍쟁이라고 했다.
깍쟁이의 사전적 해석은
'남에게는 인색하고, 자기 이익에는 밝은 사람'이거나
'알밉도록 약삭빠른 사람'을 낮추어 이르는 말이라고 되어 있다.
또 우리의 어릴 적 다른 표현으로
'서울내기 다마내기'라는 말이 있었다.

속을 알 수 없다는 것이다.
양파처럼 까도 까도 속이 보이지 않는다는 것이다.
그리하여 서울에서는 눈 뜨고도 코 베어 간다는 이야기가 있었다.

우리나라뿐만 아니라
각국에는 이러한 이야기가 있다.
내가 유럽 출장 중 직접 들은 것이거나
그들의 입을 통하여 전해들은 바에 의하면
수도首都에 사는 사람들은 대부분
깍쟁이와 같은 기질을 가지고 있으며
그리하여 그들은 지방 사람들의 농담의 화제가 되거나
놀림의 대상이 되었다.

일본인들의 특질이 이러하지 않나 싶은 대표적인 이야기로
일본인과 한때 일한 적이 있는 한 유럽인은
그가 처음 일본인을 만났을 때 고개를 숙이며
연신 인사를 해대는 통에 당황하지 않을 수 없었다고 한다.
또한 이야기를 나눌 때는
연신 "하이, 하이, 하이" 하면서 대답을 하고
조금만 긍정적인 이야기를 하여도 "도모!"를 연발하며
여러 차례 고개를 숙이더라는 것이다.
그리고 헤어질 때 또한 몇 번이고 고개를 숙이며

배웅을 하더라는 것이다.
그래서 그는 당황하기도 했지만
일본인들은 참 예의 바르구나 싶었단다.
그러다가 몇 년이 흘러 그들의 이면을 읽은 그는
그것이 자신의 등에 꽂히는 비수였다는 것을 알았다는 것이다.
한번으로 족할 인사를 여러 번 한다는 그것은
인사를 한 횟수만큼
그의 등에 꽂히는 칼의 횟수와 같다는 것을 알았단다.
그 이후에는 그들이 연거푸 고개만 숙여도
무슨 생각을 깔고 그러는지 모르므로 등이 서늘해진다는 것이었다.

위에 열거한 이러한 예가
현 시대 전체 일본인들의 개성이나 특질을 담고 있는 것은
결코 아닐 것이다.
그들 위정자들의 행태가 믿음이 가지 않고 반성과 배려를 모르며
과거의 역사가 그러함에도
주변국들의 시선에 크게 아랑곳하지 않는다는
강한 느낌을 지울 수 없다.
일부의 잘못 생각하고 있는 강성 위정자들로 인하여
선량한 대다수의 일본인들이 오해를 받거나 욕먹지 않도록
그들의 사고방식과 행동양태의 변화를 촉구해야 할 것이다.
그리하여 일본의 일반 국민들 스스로

이러한 부류의 자들을 솎아내야
일본인 전체의 특질이 이러한 것이 아니냐는 의심과
비아냥거림으로부터 자유로울 수 있을 것이라 생각한다.
그리하여 과거의 망령을 떨친
일본의 밝은 미래가 있을 것이라 생각한다.

조선 아니 대한민국의 국화國花는 무궁화이다.
무궁화를 자세히 들여다보노라면 진딧물이 들끓고
그리하여 공생관계인 개미들도 우글거리며
무슨 벌레들이 그렇게도 꼬이는지…
꼭 수난 많았던 우리의 역사를 들여다보는 것 같다.

우리의 국화인 무궁화에 대해 여러 목소리가 있었음을 알고 있다.
“대한민국의 국화를, 그 많은 꽃들 중에서
왜 하필 무궁화로 정했을까?”
하며 반론을 제기한 사람들이 다수 있음을 알고 있다.
그러나 국화를 다른 꽃으로 바꾸는 것이 어떠냐는 목소리보다
여기서는 무궁화와는 다른 성격을 지닌
동백꽃으로써 한국인의 밑바탕에 있을
개성에 대해 이야기해 보고자 한다.

대부분의 꽃들은 꽃잎이 하나 둘 떨어짐으로써

아름다움을 다한다.
그러나 동백은 여느 꽃들처럼 꽃잎이 결코 지는 일이 없다.
여느 꽃들처럼 꽃잎을 하나둘 떨어뜨리며
자신의 추한 모습을 결코 보이지 않는다.
꽃이 질 때는 꽃잎이 하나 둘 떨어지며
꽃으로서 생명을 다하는 것이 아닌 꽃 목을 떨어뜨림으로써
꽃잎은 온전히 간직한 채 꽃의 생명을 다하는 개성을 지닌 꽃이다.
어떤 면에서는
꽃잎을 하나둘 떨어뜨리며
최후까지 남은 꽃잎 한 장이라도 지키고자 하는 일반 꽃들의 짐이
더 안타깝고 애절하며 처절하게 보일 수도 있을 것이나
나의 눈에는
이것은 죽지 않으려고 발버둥치며
악착같은 안간힘을 쓰는 추잡함으로 보여진다.

우리의 사회에도 이러한 부류들이 들끓는데
정치판의 예를 들어보자.
일러 철새 정치인이라고 불리는 자들은 이익만을 좇으며
그의 정치생명을 최대한 연장시켜 보고자
오늘은 이 당 내일은 저 당으로 전전하며
말 바꾸기와 얼굴 모양새 바꾸기로
꽃잎이 떨어지지 않도록 안간힘을 다한다.

어떤 이는
질 시기가 벌써 지난
마지막 남은 꽃잎 한 장을 억지로 꼭 붙잡으며
생명을 연장하려고도 한다.

이러한 자들은 마치 중국의 경극에 나오는
단 1초도 안 걸리는 짧은 시간에
얼굴의 모양과 색깔을 바꿀 수 있는
특별한 가면술인 변검變臉의 기술을 보여주는 것이다.
그는 변검의 기술에 능한 경극의 주인공으로서
보란 듯이 수시로 얼굴을 바꾸며 재주를 뽐내면서
공연 중에는 그를 어찌할 수 없다는 것을 아는
그를 뽑아준 국민들을 단지 관객의 입장에 머물게 만드는 것이다.
한편 어떤 정치인은
꽃이 질 때가 한참 지나고 지났는데도 지지 않고
이제는 완전히 나무로 변해 버려
계절도 모르고 자신이 무슨 상록수인 양 착각하며
남아 있는 이도 있다.

다른 분야의 다른 이들은 어떠할까.
자신에게 이익이 된다 싶으면
어제의 철천지원수 같던 이들이

언제 그랬냐는 듯이 오늘은 동지로서
살갑게 서로의 어깨를 감싸 안으며
오래된 친구인 양 색깔을 또한 바꾼다.
그 과정에서
개인이든 집단이든
어제의 친구에 대한 배신과 배반을 서슴지 않으며
스스로는 자기 합리화를 시켜
우선 살고 보자는 데
의리며 신의며 친구가 밥 먹여 주냐고 하며 입에 게거품을 문다.

오늘은 친구가 된 과거의 그의 원수에 대해
차라리 성경의 말처럼 "원수를 사랑하라"는 말로 강변을 한다면
그나마 종교적인 관대함이 있어 그러려니 생각하겠다.
돈이 된다 싶으면
자신의 이익에 조금이라도 도움이 된다 싶으면
무슨 방법을 쓰든지
무슨 말을 다 동원하든지 하여
자신이 마치 삼국지에 나오는 어느 책사나 된 양
술수와 기만을 이용한 책략
아니 정확히 말해 정상적인 방법의 머리 씀이 아닌
잔대가리를 굴린 간교함과 잔재주로써 만들어 낸
퀴퀴한 냄새가 나는 결과만을 중시한 채 으스댄다.

도덕률에 근거한 자신의 소신과 철학에 반反하는 것이면
그것이 어떠한 이익을 주는 것이든 뿌리칠 수 있는
자존심이나
품위나
지조나
절개나
의리나
우정 따위는 어디에서고 결코 찾아볼 수 없는 것이다.
그래도 일말의 양심과 도덕심은
마음 한구석의 어딘가에 조금 남아 있는 것인지
자식들에게는 올바로 살기를 가르친다.
"내가 이렇게 열심히 사는 것이 다 너희들을 위한 것이다"라고
자식들에게 이야기하나 자신의 삶의 방식이 그러한데
제 자식이 무엇을 보고 배워 똑바른 길을 갈 수 있겠는가.
배반의 역사는 이제 종언을 고할 때가 되지 않았는가.

동백은 이러한 지저분함과 추잡함이 결코 없는 것이다.
져야 할 때가 오면
자신의 목을 자름으로써
꽃잎을 오롯이 간직한 채
때 묻히지 않고 이 세상을 떠나는 것이다.
품위란 어떠한 것인지 보여주는 꽃이다.

그리하여 동백은 단심丹心으로 대변되는
절개와 지조의 상징이 된 것이다.

그리하여 산사山寺나
선비들이 공부했던 서원이나
특히 지조 있었던 선비를 모신 사당에는
동백나무가 꼭 심겨져 있는 것이다.
사쿠라와 같이 여럿이 떼로 모여 일제히 만개함으로써
화려함을 자랑하거나 일제히 지면서 법석을 떠는 꽃들과는
품격이 다른 꽃이다.
동백은 한 개의 꽃으로도
그 아름다움과 의미를 충분히 드러내는 꽃이다.

우리의 조상들은
우리의 옛 선비들은
동백과 같은 이러한 기개와 품위를 지녔던 것이다.
그러하던 것이 급속한 산업화와 공업화로 인하여
이러한 기개 높은 선비정신은 일순 어디론가 증발해 버려
우리가 과거 그러한 민족이었던가 하는 자체도
인식하지 못하게 된 것이다.

자신의 영달을 위해서 조국마저도 팔아먹은 파렴치한들이 오히려

실세로서 이 땅의 주인이 돼 버린 이후
그러한 자들을 질타하고 우리 자신을 반성하기는커녕
오히려 그들과 같은 이들을
은연중에 추종하게 되어 버린 것은 아니었던가.
그리하여
부정과 부패와 눈속임이 사회의 한 부분으로 고착화된 것은 아닌가.
우리의 기개 높던 선비정신을 우리 스스로가 무시하고 파괴해 버려
시류에 편승하는 것만이 적자생존의 논리인 양
착각 속에 빠지게 된 것은 아닌가.
그리하여
우리 스스로가 고결한 우리의 선비정신의 실체를
망각해 버린 것은 아닌가.

동백나무 숲에서 꽃잎을 그대로 지닌 채 떨어져 있는
많은 동백꽃을 여러 번 본 적이 있었으나
그냥 꽃이 졌구나 하며 무심코 지나쳤었다.

그러나 이제는
말없이 땅 바닥에 몸을 드리운 동백꽃의 시신을 대하며
소신대로 품위를 지키며 목을 자르고
이 세상을 다 했구나 하는 짠한 마음과
아울러 존경심마저 드는 것이다.

동백의 꽃 목이 떨어지는 것을 한번도 직접 본 적이 없다.
그래서 절개의 상징인 동백이 질 때
꽃잎을 먼저 떨어뜨리지 않고 꽃 목을 떨어뜨림으로써
아름다움을 접는
丹心의 현장을 꼭 보고 싶은 것이다.

우리의 사회가
우리 사회의 구성원 하나하나가
동백과 같이 꽃잎을 오롯이 간직한 채
품위와 소신과 고결한 정신을 담은 채
꽃의 생명을 다하는 수준 높은 사회 분위기가 이루어지길 바란다.

배신과 배반
기만과 술수
중상모략
질시와 왜곡
봄을 겨울로 바꾸려는 억지와 순리의 역행이
마치 죽은 짐승의 시체에 버글거리는 구더기를 보는 것처럼
인식되는 사회.

믿음과 의리
질서와 정식이 통용되는 사회.

시와
그림과
음악과
철학 등의 문화활동이
특별한 사람들의 특별한 날의 특별한 것이 아닌
생활의 일부로써
빈부에 상관없이 누구나 항상 같이 함으로써
정서적으로 순화되고 문화적으로 성숙한 사회.

생명의 원동력으로써 잠시일지라도
쉬지 않는 심장이라는 도덕심이 전하는 깨끗하고 뜨거운 피가
실핏줄이라는 사회의 구석구석
어느 한 곳도 빠트리지 않고 미치는 사회.
그리하여
도덕심이 펌프질을 멈추면
사회가 생명을 다한다는 의학상식이 보편화된 사회.

사람보다 소중한 것이 없으며
그러므로 사람이 가장 소중한 가치이고 자산이며
동백과 같은 기개를 가진 사람이 존경받고 대우받는
진정한 선비의 국가.
진정한 동방예의지국의 문화국민으로서

새로운 시대에 전 세계 어느 국가나 지표로 삼고자 하는
등대로서 희망을 주는 정신문명의 보금자리
문화대국으로 우뚝 서기를….

단지 부와 군사력을 바탕으로
돈 많은 백정과 같은 칼의 논리를 밑바탕에 두고서
세계평화를 위해서라는 그럴싸한 논리를 내세우나
사실은 자국의 이익을 위해 서슴없이 저질러대는
자기중심적인 양두구육羊頭狗肉의 파렴치한 상술과
표리부동의 논리를 가진 외곬수적인 강대국의 국수주의는 배척되고
"모든 국가의 사람들이 평화의 틀 안에서 공존공영 할 수 있는
진보된 정신문화의 바탕을 찾을 수 있는 곳은
선비의 국가인 대한민국이다"라는 생각이
전 세계 모든 국가의 사람들에게 인식될 수 있는
진정한 문화 초강대국으로 대한민국이 우뚝 서기를….

그리하여
대한민국은 경제력만이 아닌
동백의 품위로 상징되는 나라가 되기를 바란다.

31 술의 의미 1 : 낮술

일반적인 관례나 통념상
술은 주로 밤에 마시는 것으로 되어 있다.
낮에는 대부분의 사람들이 일하는 시간이므로
사회구조상 그렇게 되어 있는 것이리라.

다른 이들과 똑같은 시각과 관념과 행동양식으로는
사물이나 개념의 다른 이면을 보기가 어렵지 않을까.
낮술은
이러한 고정관념이나 통념, 생각 등을 뒤집어 볼 수 있는
계기가 될 수 있지 않을까 싶다.

똑같은 음식과 생각과 생활양식으로는
다른 세계를 볼 수 없을 것이다.

사고의 그릇을 깨는 파격이 필요할 것이다.
낮술을 마시는 것으로써
또 다른 세계를 느끼거나 볼 수 있지는 않을까.

낮술이라는 개념으로
기존 사고방식을 탈피함으로써
사고접근의 방식을 바꿀 수 있을는지.

술은
현실과 이상
벽이거나 건너편의 세계를 깨거나 이어주는 매개체.

술은
이성을 마비 혹은 정지 혹은 순화 혹은 둔화시키면서
건너편에 원래 있는 어떤 것을 느끼게 만드는 것은 아닐까.

32 술의 의미 2 : 접신

술은 접신接神의 매개체다.
신과의 접촉을 가능하게 만든다.

술을 마신다는 것은
접신을 위해
의식을 공동空洞화시키는 과정이다.

술은
나이
성별
시간과 공간 등을 건너뛰게 만드는 타임머신이다.

술은 뇌세포를 파괴시키면서

생각을 불러일으킨다.
죽어가는 뇌세포의 마지막 단말마적인 몸부림이
생각으로 표출되는 것은 아닐는지.

뇌세포가 죽기 전 마지막 발작, 발악으로
뇌세포가 가지고 있던 모든 것을 전하려는
죽기 전 전하려는
안간힘과 처절함이 전해진다.

뇌가 서서히 죽는다.
생각이 일어났다가
서서히 죽는다.
결국은 내가
서서히 죽어간다.
술은 내 육신을 갉아먹으며
내 의식을 죽이며 자란다.
나는 더 이상 술을 빌린 접신을 원치 않으며
그리하여 술과는 관계를 청산하려고 한다.

33 링반데룽 : 역사의 순환

삼십여 년 전 4월 초
당시 등산이라고 해봐야
동네에서 멀지 않은 인근의 산이나 겨우 몇 번 가본 정도가
전부였던 나는
군 입대를 얼마 앞두고
군 입대 전 체력단련 겸 순수한 가슴을 가진 때 묻지 않은
청춘의 마지막 여행이 될 것을 아쉬워하며
친구들과 함께 난생처음으로 지리산 산행을 하게 되었다.

당시 산을 잘 모르는 무지함 때문에
큰 산이라고 부르는 산이 높고 커봐야 얼마나 클 것이며
그리하여 동네 뒷산을 몇 배 혹은 십여 배 정도나 뻥튀기한 정도의
그냥 산이겠거니 정도만 생각하는

큰 산에 대해 진정 뭔가를 모르는
단순함과 무지와 만용이 꽉 차 있을 때였다.
무식하면 용감하다고 누군가 말하지 않았던가.

마치 동네 뒷동산 산보 가듯이 차려 입은 이때의 차림새는
신발만 예를 들자면
당시 방위兵들이 신던 천으로 만든
검게 물들인 농구화 비슷하게 생긴 통일화라 부르던
얇은 운동화를 신고 갈 정도로 별다른 준비도 없이
겁도 없이 지리산 산행을 준비했다.
그리하여
결국 중산리에서 노고단 사이에 있는 산장에서 하룻밤씩 묵어가며
'큰 산이란 이런 것이구나'라는 느낌이 피부에 확실히 와 닿은
우리의 무지를 나름대로 뼈저리게 느끼며
며칠을 걸려 지리산 종주를 한 적이 있다.

때가 4월 초였는데도 중산리 시작점부터 눈이 내리기 시작하였고
그 이상 고도의 산은 전부 눈으로 덮여 있었다.
나는 지리산 산행 전
사전에 지리산의 약도를 머릿속에 그리고 그려
한번도 가보지 않았던 산이지만
어디에서 어디까지는 몇 킬로이며

주요한 갈림길, 주요 포인트, 산장의 위치 등등
나름대로 그린 가상의 지리는 이미 훤했다.
그러나 혹시나 싶어
중산리 구멍가게에서 파는
구간별 거리가 제대로 맞지도 않는 A5 사이즈 정도로 기억되는
당시 100원짜리 지리산 대충 안내도 한 장과
취사용 고체연료 몇 개를 샀다.

당시 우리가 살던 곳의 평지 낮의 최고온도가 영상 18도쯤 되었고
아침저녁의 온도는 대략 영상 5도 정도였던 것으로 기억된다.
100m 고도당 온도는 대략 0.6도씩 낮아진다는 사실과
지리산 최정상인 천왕봉은 1,915m라는 사실 두 가지만 알고
가슴에 만용을 가득 채운 채 산행을 시작했다.

중산리에서 시작되던 가벼운 눈발은
법계사로 가는 도중 멈췄으나
온 산이 눈으로 뒤덮여 등산로를 찾을 수 없었다.
그렇게 오르던 중
길이 아닌 곳을 밟았던지 눈이 와르르 무너지면서
낭떠러지가 드러났다.
큰일 날 뻔했다며 한숨을 내쉬고
어디를 밟아야 하나 싶어 망설이고 있는데

친구 한 명이 눈 사이로 약간 드러난 나뭇가지에 매어 있는
빛바랜 빨간색 리본들을 발견하였다.
우리들은 그것이 무엇을 의미하는지도 몰랐으나
그 리본에 '무슨 등산회'라고 적힌 것으로 봐서
산을 사랑하는 사람들이 길을 모르는 사람들을 위한 배려로
등산로를 안내하는 것이라고 짐작했었다.
이것은 사실이었고
우리들은 이러한 기본적인 지식도 없는
무지한 생짜 중의 생짜 왕 초보였던 것이었다.

법계사에 도착해 보니 절은 보수공사를 한다고
대부분 해체되어 있었으므로
밤을 샐 수 있는 곳은 간이 천막 하나뿐이었다.
앵글로 붕 띄워진 오렌지색 비닐천막
아래 위 옆 사이사이로 파고드는 차가운 바람에
"와, 이리 춥노!"만 계속 중얼대며 잠을 제대로 잘 수가 없었다.
영하의 날씨에 바람만 막아진 채
노숙하는 것과 별반 차이가 없었기 때문이었다.
동네 뒷산 산보 가듯이 가볍게 차려입은 옷차림으로는
매서운 바람과 영하의 온도를 견뎌내기가 쉽지 않았다.

낮에는 산행을 하니 잘 몰랐지만

이후 다른 산장에서 잠을 잘 때는
양말을 몇 개씩 껴 신고 머리까지 담요를 뒤집어쓰지 않고는
추워서 자기가 쉽지 않았다.
TV 화면을 통해 보인 요즈음의 지리산 산장들은
외관부터 별장처럼 되어 있을 뿐만 아니라
수세식 화장실 등을 비롯하여 최신시설로 되어 있고
추울 때는 보일러도 켜고 하는 것을 봤지만
당시는 전혀 그러하지 못했다.
아침저녁으로는 얼음이 얼고 산의 바람 또한 만만치 않았다.

하루는 제법 긴 코스를 가게 되었는데
밤새 떨다가 뒤척이며 잠을 이루지 못해 늦게 일어난 관계로
아침을 거른 채
안내도상에 있는 중간의 샘에서 끼니를 해결하기로 하고
서둘러 출발하였다. 산장에서 하룻밤을 같이 지낸
우리와 같은 방향으로 가게 된
우리와 비슷한 또래의 다른 산행 팀은
복장에서부터 촌놈들인 우리를 이미 압도하였을 뿐만 아니라
우리와 비교한다면 거의 날아다니는 수준으로
금방 시야에서 사라져 버렸다.
우리는 예정보다 훨씬 늦게 중간의 샘에 이르렀는데
안내도상에 나와 있는 샘의 중요도로 봐서 우리의 상상으로는

어느 정도 크기의 샘이겠거니 하였는데
실제 그곳은 조그만 웅덩이라고도 부를 수 없는
손바닥 한 뼘 정도 될 만한 곳이었다.
그마저도 물이 마르고 썩어버려
짐승조차도 먹을 수가 없을 지경이었다.

샘에 물이 있을 것으로 예상하고
그곳에서 라면을 끓여 먹든 밥을 해 먹든 기대를 가졌던 우리는
수통에 조금씩 채웠던 물마저 중간에 다 마셔버려
전부 맥이 빠져 버렸다.
땅바닥에 모두 털퍼덕 주저앉아 기진맥진하여
"아침이나 제대로 먹고 올 걸…"이란 후회의 말과
샘 같지 않은 샘을 원망의 눈길로 한참을 바라보면서
크래커 한 봉지와 눈으로 허기와 갈증을 해결하며
깜깜한 한밤중이 되어서야 겨우겨우 목적한 산장으로 찾아들었다.
동네 뒷동산 산보 가듯이 가볍게 차려입고
무릎까지 푹푹 빠지는 눈밭을 헤치면서 시작한 지리산 산행은
여러 과정을 겪으면서 거의 막바지에 이르렀다.

뱀사골에서 구례 화엄사까지의 산행이 잡힌
지리산 종주가 끝나는 날
전날 밤 별이 총총하여 내일은 날씨가 좋겠거니 하였으나

날이 새자 전혀 예상 밖으로 비가 무지하게 내리며
또한 앞을 분간하기 힘든 안개가 산을 감싸기 시작했다.
산장에서 같이 밤을 보낸 스님 한 분도
우리와 같은 코스로 화엄사로 간다고 하였으나
드센 비바람과 함께
몇 미터 앞도 분간하기 힘든 짙은 안개를 보더니
고개를 가로저으며
자기와 같이 계곡을 통해
남원 쪽으로 가는 것이 좋을 것이라 하였다.
이럴까 저럴까 우리끼리 설왕설래하다가
그 스님의 걱정 어린 염려와 충고를 뒤로 하고
결국은 우리의 계획대로 가기로 하였다.
어느 정도 시간이 지나자
비와 안개는 조금씩 잦아들어 한결 걷기가 수월해졌다.
우리의 밀어붙이기식 무지한 판단이 옳았음을 서로 자화자찬하면서
앞으로 나아가고 있었다.

일행 4명 중 나는 산을 잘 타지 못해
한 명의 친구와 함께 오르막길만 되면 헉헉거리다
내리막길이 나오면 쏜살같이 앞서 내려가
그 시간을 보충해 오곤 하였다.
그러던 중 내리막길을 만나 너무 빨리 내려오는 바람에

뒤처진 나머지 일행 2명과 상당한 거리가 생기게 되었다.
나는 앞에 서서 땅만 보고 걷고
친구는 조금 뒤에서 한참 내리막길을 내려오고 있었는데
뒤의 친구가 약간 떨리며 더듬거리는 소리로
뭐라고 떠드는 것이었다.
나는 뭔가 싶어 뒤를 돌아보니
그의 손가락이 나의 앞쪽을 가리키는 것이었다.
나는 무심코 고개를 다시 돌리다가 소스라치게 놀라고 말았다.
나의 우측 2m 전방쯤에
커다란 곰 한 마리가 떡 버티고 서 있지 않은가.
곰이 팔을 뻗쳐 내밀기만 해도 닿을 만한 거리였으므로
나는 옴짝달싹 할 수가 없었다.
곰 때문에 앞으로 나갈 수는 없고
왼쪽은 숲이 울창하여 들어설 수가 없었으며
길을 되돌아가자니 가파른 오르막이라 곰이 따라오면
곧바로 당할 것 같아 그 자리에 꼼짝 못하고 서 있었다.
이때 과거에 지리산에서 한때 몰이꾼을 했던 동네의 한 아저씨가
나의 어린 시절 때 들려준 이야기가 퍼뜩 생각났다.
사람이 오는 인기척을 알고도 곰이 도망가지 않았을 때는
사람이 접근해도 사람을 해치지 않으나
만약 곰이 놀고 있는데 사람이 인기척이 없이 갑자기 나타나게 되면
곰은 자기를 공격하는 줄 알고 놀라

사람을 해칠 수도 있다는 것이었다.
나는 조금 떨어진 친구에게
"네가 먼저 곰을 보았는데도 곰이 그냥 있은 것이냐,
아니면 우리가 갑자기 나타난 것이냐?"고 나지막이 물었으나
그는 겁에 질린 얼굴로 여러 번의 빠른 고개 가로저음으로 답했다.
다급해져 이판사판 힘으로 밀어붙여야 되겠다고 생각한 나는
고함을 질러 뒤쳐져 있을 친구 둘을 목청껏 불렀다.
그러나 아무런 대답이 없었다.

곰은 목청껏 내지르는 시끄러운 소음에도
예상 밖으로 전혀 개의치 않았다.
이러지도 저러지도 못하고 조금씩 떨려오는 몸과 가슴을
애써 진정시키며 곰의 행동을 눈여겨 지켜보니
곰은 쓰러진 나무 등걸 속에서
등산객이 버리고 간 비스킷 봉지 속의 비스킷 조각을
몸을 벌떡 세운 자세로 서서 주워 먹고 있는 것이었다.
너무나 가까운 거리였으므로
우리도 자주 먹던 그 비스킷의 상표까지도 확실히 볼 수 있었다.
곰의 크기는 180cm 정도였고
등산배낭에 넣으면 딱 맞을 만한 크기의 앙증맞은 새끼 곰 3마리가
어미 곰인 듯한 그 곰의 주위에서 천진난만하게 놀고 있었다.
곰의 색깔은 검은빛의 몸에 가슴에 반달이 새겨진 반달곰과는

전혀 거리가 먼 귤색에 가까운 황금색의 곰이었다.
몇 분간을 곰의 행동만 예의 주시하고 있었는데
곰은 우리의 존재에는 아랑곳없이 하던 일을 계속하고 있었다.
그러기를 얼마 지나지 않아
곰은 비스킷을 다 주워 먹었는지 봉지를 버리고는
새끼들을 거느리고 빗방울이 묻은 황금색의 털을 자랑하며
등을 돌려 유유히 오른쪽 언덕 아래로 사라지는 것이었다.

곰을 처음 보았을 때는 너무나 놀랐으나
몇 분간의 시간이 흐름에 따라 조금씩 마음의 안정을 되찾고
오히려 그 곰과 새끼들의 자태에 넋을 놓고
그들을 지켜보게 된 것이다.
마치 영화의 한 장면 속에 빠져 있는 듯한 착각을 느꼈다.
곰이 사라진 후 얼마 지나지 않아 뒤의 일행들이 나타났는데
조금 전 곰을 만난 이야기를 했더니
조작한 이야기가 아니냐고 하며 한마디로 아예 무시해 버렸다.
따라서 이 이야기는
같이 있던 친구와 나 사이에만 아는 이야기가 돼 버렸다.
그는 새끼 곰을 다섯 마리 보았다고 했다.
곰이 나타난 곳은 반야봉에서 그리 멀지 않은 곳이었다.
아마 이러한 야생의 곰을
목전에서

그것도 우리의 산에서 만날 수 있는 기회는
평생에 한번 있을까 말까 할 것이다.
그리하여 30여 년이 지난 지금도
그 곰을 처음 보았을 때의 두려움과 가슴 두근거림
새끼 곰들을 데리고 유유히 시야에서 사라져 가던
그 어미 곰의 장면이 가슴에 깊이 남아서
자연 다큐멘터리나 영화에서 보이는 야생의 곰들을 볼 때마다
가끔씩 그때를 회상하곤 한다.

이 곰 식구를 만나기 몇 시간 전
우리 일행 4명은 숲 속에서 길을 잃고 헤매게 되었다.
하늘이 보이지 않을 정도로 숲은 울창하였고
사람이 다닌 흔적이라고는 주위 어디서도 찾을 수 없었다.
이리하여 1시간여를 헤매게 되었는데
표시를 하고 앞으로 나아갔다 싶으면
출발 때 표시했던 그 자리로 다시 돌아오고
또다시 나아가서 보면 다시 그 자리로 돌아오고 하여
이것이 도대체 무슨 일인가?
어찌된 일인가?
귀신에게 홀린 것 아닌가? 하며 일행 4명은 모두 당황하였다.
잠시 머리를 식힌 후
동네 선배에게서 빌려 온 군용 나침반을 꺼내

다시 길을 찾기 시작하여
한번의 실패를 겪은 후 가까스로 그 숲을 빠져 나올 수 있었다.
나 혼자만이 아닌 일행 모두가 똑같이 이런 일을 겪은 후
우리 모두가 혼이 빠졌거나 귀신에게 홀리지 않았다면
결코 있을 수 없는 일이라 생각하였다.

이해할 수 없었던 이 경험에 대한 나름대로의 해답을 찾아보고자
귀가 후 여러 자료를 찾던 중
밀림에서 한 쪽 방향으로 계속 전진을 했는데도
몇 시간 전에 지나친 길이 다시 나타나는 현상으로
그 돌파구를 찾지 못하게 되면 제자리를 계속 맴돌게 되는
링반데룽Ringwanderung 현상에 빠지면
이러한 경험을 하게 된다는 것을 가까스로 알게 되었다.
마치 다람쥐가 쳇바퀴 돌 듯이
같은 자리를 빙빙 돌고 있었던 것이었다.
이러한 여러 과정들을 거치면서
사고 없이 생짜 왕 초보들의 지리산 종주는 막을 내리게 되었다.

나는 왕 초보 지리산 종주를 통하여
특별한 경험과 귀중한 교훈을 얻게 되었다.
자연이 준 선물이라고 생각되는
평생 잊지 못할

가히 한번뿐인
다시없는 행운이라 여겨질
야생의 곰을 목전에서 보게 된 추억을 가지게 되었다.
그것은 자연이 있는 그대로일 때
우리에게 줄 수 있는 선물임을 다시금 생각하게 하며
그러나 지금은 인간들의 이기심으로 파괴된 자연이
다시 줄 수 없게 된 것임을 아쉬워하게 만드는 것이다.

나는 우연찮게 링반데룽이란 현상이 있다는 것을 알게 되었고
준비 없음과 무지와 만용만으로도
지리산 종주라는 나름대로 소기의 목적을
사고 없이 달성하였다는 자부심 아닌 자부심을
당시 가지게 되었다.
그러나 나와 같이 무지한 왕 초보가
만용 하나만으로
준비 같지 않은 준비로
지리산 종주를 하여 그 목적을 이루었다며 스스로 만족할지라도
산을 제대로 타는 이들이 보았을 때 우리의 지리산 종주는
사실 별것 아니며 1박 2일 정도면 족할 것이나
무엇 모르는 우리들은 그 몇 배의 시간을 소비했음에도
스스로 우쭐해하며 만족해하는 어리석음을 드러냈다고
아니 할 수 없는 것이다.

나는 아련한 기억 속의 왕 초보 지리산 종주라는
어떤 결과물이 준 교훈과 링반데룽이라는 현상으로
현재 지구촌의 우리 인류가 처한 상황을
논리의 비약으로 연결시켜 보고자 한다.

우리는 어떤 목적을 달성함에 있어 그 과정이 어찌됐든
결과가 좋다면
과정을 주관대로 이해하거나 무시하기도 하고
수단이 목적을 뒤엎었다고 할지라도
정당화할 수 있을는지 모르겠다.

그리하여 새로운 도전이나 새로운 미래에 대한 어떤 것을
준비하게 됐을 때, 과거의 어떤 경험
예를 들어 무지하고 무모한 방법이었으나
결과만으로 봐서는 성공한 과거의 경험을 되새기거나 들먹이며
과거의 그것처럼 또다시 성공적인 결과를 만들 수 있을 것이란
착각이나 자만심에 빠질 수도 있지 않겠는가 하는 우려를 해본다.

우리가 만들어낸 새로운 것들
그것이 외부의 힘이나 환경의 변화에 의한 새로운 정치 질서이든
의식이든
철학이든

어떠한 것이든 간에
장래 어떠한 형태로 전개되어 어떠한 영향을
우리에게 끼칠 수 있을지는 정확히 알 수가 없다.
그러나 과거에는 우리가 경험하지 않았거나 무지하여 몰랐으나
역사의 과정을 겪으면서 벌어진
오류와 실수와 실패의 결과들을 재조명하고 반성함으로써
우리의 미래를 예견하고
또한 더 나은 미래를 준비할 수 있지 않겠나 하는 생각이 든다.

우리 인류는 특정 집단
그것이 국가이든 혹은 소규모 일정 집단이든
그들의 이기심으로 인해 수천 년 동안 많은 전쟁과 살상과
물리적인 정신적인 파괴를 반복적으로 행하고 있는 것이다.
시대적인 차이에 의해 이기심의 목적이란 색깔만 약간 다를 뿐
그 본질은 전혀 변하지 않은 채
똑같은 일들이 몇 천 년이 지난 지금에도 여전히 행해지고 있으며
현재의 시점에서 예상해 보면
앞으로도 그럴 개연성이 충분히 있는 것이다.
과거 역사에서도 그랬지만 영원한 동지, 영원한 적은 없었다.
개인이든 국가이든 자신의 필요와 이익의 흐름에 의해
동지가 적이 될 수도 있으며, 적이 또한 동지가 될 수 있음은
우리가 여태껏 보아왔고 또한 지금도 볼 수 있는 것이다.

혹 우리 인류는
극복해야 될 대상인 배타적인 이기심으로
자신이나 자신이 속한 집단만의 이익이라는 것에 눈이 멀어
이와 같은 링반데룽에 빠져
그 길을 나아갔다고 생각했으나
실제로는 그 길을 전혀 나아가지 못하고
수천 년 전과 차이 없는 사고思考로 인해
과거라는 역사의 시간만 보낼 뿐 왔던 길을
다시 돌고 또 도는 것은 아닐까 하고 생각해 본다.

현재의 어떠한 사건을 분석하기 위해 과거 역사의 어느 시점을
찬찬히 살펴보게 되면
지금의 우리가 과거의 그 시점으로 다시 돌아간 것이 아닐까
착각될 정도로 딱 맞아떨어질 때 소름이 돋음을 느낀다.
그리고는 다음에 벌어질 일들이 과거의 역사에 있었던 일과
유사한 형태로 다시 반복될 때 두려움마저 든다.
이래서는 안 될 것이다.
과거는 과거로써 남고
미래는 과거나 현재와는 다른
새롭고 발전된 미래가 되어야 할 것이 아니겠는가.

이제는

우리 인류가 앞으로 나아갈 길을 제대로 제시해 줄 나침반과 같은
새로운 사고와 이념과 철학이 제시되어야 할 시기가 아닌가 싶다.
그리하여 악몽의 링반데룽으로부터의 탈출로
진정한 문명의 출발점에 다시 서게 되기를 기대한다.

34 신선 되기

매인 식구 없고
돈에 관심 두지 않고
돈에 영향 받지 않으며
자고 싶을 때 자고
깨고 싶을 때 깨며
먹고 싶을 때 먹고
마시고 싶을 때 마신다.
그리고 이 세상을 떠나고 싶을 때도
그 시간을 스스로 정해 미련 없이 떠난다.
오욕과 칠정을 통제하며
헐하고 맛나지 않은 음식도
어느 고급요리보다 맛있게 요리해서 먹거나
요리하지 않더라도 그렇게 먹는다.

초고속 시대의 복잡한 현대 문명 속에서
복잡하게 얽히고설켜 살고 있는 우리에게
과연 위의 이러한 일들이 가능키나 할까?
상상 속에서나 이루어질 법한 일이다.

그러나 우리는 누구나 신선이 될 수 있을 것이다.
정녕코 신선이 되길 원한다면 될 수 있을 것이다.
신선은 증오가 없다.
모든 것을 사랑한다.
누구나 신선이 되고자 한다면 될 수 있을 것이다.
과거의 소설이나 전설에서만 보고 들을 수 있는 것이 결코 아니다.
신선은 수백 년을 산다.
산술적인 계산이 아닌
깨우침의 시간대로 계산한다면….

신선은
눈으로 본 것대로 그것을 사물의 실체로 결코 생각하지 않는다.
가슴으로 느낀다.
말은 미사여구로
모양새는 간특한 재주로 남을 속일 수 있겠지만
가슴으로 느껴지며 전해오는 감정은 결코 속일 수 없을 것이다.

우리는 한 번씩 신선처럼 살고 싶어 한다.
그리고 가능하다면 수백 년을 살며
구름 위를 학을 타고 다니며 세속에 물들지 않고
자연을 벗 삼아 사는 신선이 돼 봤으면 하는 꿈을
누구나 한번씩은 가져 봤음 직하다.

무병장수
수백 년을 사는 신선.
가능할 것이다.
전혀 불가능한 일은 아닐 것이다.
세상에 영향 받지 않고
자신 주변을 과감히 정리할 확고한 의지만 있으면
누구나 가능할 것이라 생각한다.
누구나 신선이 될 수 있을 것이다.
구름 속을 학을 타고 노닐며
절경을 이룬 곳에서 다른 신선과 한가롭게 바둑 한 수 두는 신선.
채소만 먹고도 수백 년을 살 수 있는 신선.

욕심을 버려야 한다.
아흔아홉을 가진 자가 백을 채우기 위해
재산이라고는 하나밖에 없는 상대의 것을 빼앗아
백을 채우려는 그들을 보며 아귀다툼을 아귀지옥을 보는 것 같다.

욕심을 버려라.
작은 것에 감사하라.
흔하디흔하고
헐한 음식을 귀하디귀한 음식으로 만들어라.
때 묻는 것을 목숨을 버리는 것보다 더 심각하게 받아들이고
수치스럽게 생각하라.
신선이 될 수 있을 것이다.
누구나 신선이 될 수 있을 것이다.
이리하여 세상은 낙원으로 바뀔 수 있을 것이다.

누구나 신선이 된다면
과거 역사에서 벌어졌던 반인륜적인 모든 일들이 역사의 순환이란
쉬운 용어로 다시 쓰이는 일은 결코 반복되지 않을 것이다.
그리하여 링반데룽은 극복될 것이다.
세속의 구속받는 모든 것
돈, 권력, 명예, 탐욕
등등을 버려야 신선이 될 수 있을 것이다.
세속의 개념으로 쌓은 것 그리고 그와 관련된 것
그것이 수십 년간 쌓은 것일지라도
일순간에 과감히 버릴 수 있어야 신선이 될 수 있을 것이다.

신선은 임의의 상황에 임의의 시간을 정해 먼 여행을 떠날 수 있다.

다른 이들은 그것을 죽음이라고 부를 것이다.
그러나 그것은 그의 시간이 다 됐음을 의미하며
또한 때 묻지 않기 위함이다.

35 시간 : 더디게 혹은 빠르게 가는 것

시간에는 3종류가 있을 수 있다.
봄, 여름, 가을, 겨울 등의 계절이 가지는 자연의 시간.

우리가 필요에 의해
임의적으로 1년을 365일로 나누고
매일을 24시간으로 또 나누고
매 시간을 60분과 60초로 또다시 분할하여 놓은
임의의 시간이자 시계의 시간이라고 말하는 물리적인 시간.

그리고 의식의 시간.

여기서는 물리적인 시간과 연계된
의식의 시간에 대해 이야기해 보고자 한다.

중소기업의 한 사장이 있다고 하자.
직원들의 급료 주는 날이 한 달에 한 번씩밖에 없음에도
그의 의식은 엊그제인 양 금방 돌아옴을 느끼게 된다.
그리고 며칠 지나지 않은 것 같은데 월급날이 또 돌아온다.
그에 더하여 거래처와의 결제 등으로
매일 매일이 돈 준비로 여념이 없는 것 같은 느낌을 갖게 된다.
일 년에 두 번밖에 없는 명절이지만
그 명절이 한참 남았더라도 바로 코앞에 와 있는 것 같으며
더하여 직원들의 여름휴가비 등으로 또 준비해야 할 돈이 있다.
그리하여 명절이나 여름휴가가
그에게만은 썩 유쾌하게 가슴에 와 닿지 않는다.

반면에
월급쟁이들은 엊그제 받은 봉급이
한참 오래된 것 같은 느낌을 갖게 된다.
돈 들어갈 데는 많고
더하여 예외의 상황이 발생하게 되면 더욱더 돈이 필요한데
다음 월급날이 어찌 그리 더디게 오는지
한참을 목 빠지게 기다려야 하는 것이다.

시간이 너무 빠르게 지나간다고 느껴져
그 시간이 더디게 갔으면 하는 바람을 가진 사람이 있다면

누구나 다 아는 이런 방법을 한번 써 보시길.

무슨 일에 빠지든지 어쩌든지 하여
잠 한 숨 안 자고 최소한 하룻밤을 꼬박 세우고
다음날 업무를 해 보라.
몸은 뻐근하고, 졸리기도 하며, 집중도 잘 안 될 것이며
쉽게 짜증이 날 수도 있을 것이다.
그러나 나름대로 꿋꿋이 버텨가며 일을 한다고 해 보지만
평소와 달리 일의 능률도 오르지 않을 것이다.
한참을 일한 후 퇴근 시간이 되었나 싶어 시간을 보니
퇴근 시간은 아직도 한참이 남았다.

만약 위의 증상에도 견딜 만하고
업무도 그런대로 제대로 봤다 싶으면
하룻밤을 더 어제와 같이 새 보시기 바란다.
즉 이틀을 샌 세 번째 날의 업무 시간에는
틀림없이 위에 열거한 증상들이 필히 나타날 것이다.
그리하여 이날의 업무를 어떻게 처리한 것인지
정신이 몽롱한 상태에서 처리한 후 업무를 마칠 때쯤이면
눈은 충혈될 대로 충혈되고
어깨 위에는 수천 근의 쇳덩어리를 올려놓은 것 같을 것이며
입 안은 가시가 돋은 것인지 꺼끌꺼끌하고 텁텁하며

마치 오아시스 없는 사막에서 수개월의 긴 여행을 하여
모든 것이 탈진한 상태의 느낌이거나
외부에서 오는 반응에 무지 둔감해져서
파리가 콧등에 달라붙어도 그것마저 쫓아내기가 쉽지 않음을
느끼게 될 것이다.
그리하여 몇 개월 혹은 몇 년을 보낸 것 같은 느낌이 들 것이다.
겨우 만 이틀을 보낸 것이나
그 느낌은 수개월의 세월을 보낸 것인 양 느껴지게 되는 것이다.

경제적인 어려움에 처해
하루하루가 힘들거나
하루 벌어 하루 먹는 이들의 심적인 고통이 위와 같을 것이다.
하루가 무지 길게 느껴지며
좋은 날은 언제 오는 것인가 목 빠지게 기다려지는 것이다.

반면에 물질적으로 풍요한 자들에게 있어서의 하루는
어찌 그리 빠르게 지나가는지.
할 것
쓸 곳은 많은데 시간이 너무 빠르게 지나가 버리는 것이다.
돈이 돈을 버는 것 아닌가.
새로운 돈벌이가 눈앞에 훤한데
하루 24시간으로는 부족함이 있는 것이다.

새로운 돈을 버는 것도 버는 것이려니와
이러다가 가진 돈을 마음대로 써 보지도 못하고 죽는 것이 아닌가
하는 걱정도 되는 것이다.

중력이론에 의하면
중력이 작으면 시간은 빨리 간다는 것이다.
예를 들어
1G(Gravity, 그레비티)의 중력을 받을 때보다 그것의 절반인 0.5G나
아니면 0.1G의 중력 하에서 시간은 더 빨리 간다는 것이다.

시간이 더디게 간다면
그것은 그가 받는 중력이 큰 것이라고 말할 수 있을 것이며
시간이 빠르게 간다면
그것은 그가 받는 중력이 작은 것일 수도 있지 않을까
하고 생각해 본다.

우리가 일반적으로 말하는 일반적인 시간의 개념은
모두 상대적인 것이 아닐 수 없다.

36 역사의 퍼즐 맞추기

중국을 최초로 통일하고 지금의 China로 불리게 만든 Qin(진).
그렇게 막강한 파워를 지닌 진나라가
일개 북방의 오랑캐라 칭하던 흉노匈奴족이 두려워
진시황秦始皇이 만리장성을 축조하게 된 것은
북방의 강성한 흉노족의 침입이 두려웠기 때문이다.
그렇게 강맹하던 흉노족
진시황마저 두려움에 떨게 했던 흉노족이
중국의 역사 속에서 어느 날 갑자기 사라진다.

그리고 한참의 세월이 흐른 후
그들의 후예로 보이는 일단의 무리들이
지금의 동유럽에 훈Hun이라는 이름으로 나타나
주변의 모든 부족 및 국가들을 정복하면서

공포의 대상으로 떠오른다.
그들은 유럽의 패자覇者로 떠오르게 되는데
특히 '아틸라'에 이르러 그 절정을 이루게 된다.
지지落 않는 절대국가였던 로마제국의 영역까지도 침범하면서
로마제국을 멸망하게 만들 것 같은
풍전등화의 위기로까지 내몬다.
당장 동로마의 수도(콘스탄티노플 : 현재의 터키 이스탄불)가
직접적인 위협의 대상이 되며
결국 서로마의 수도인 로마까지도 위협을 당하는 지경에 이른다.
결국 이 훈족으로 인해 서로마는 멸망을 재촉하게 된다.
2부작 드라마로 TV에 방영되었던
'훈족의 아틸라(원제 : Atilla the Hun)'를 보면 참고가 될 것이다.
훈족의 동에서 서로의 주변 부족 및 국가의 정벌로 인해
역사적인 게르만족의 대이동이 시작된다.
지금의 Hungary는 그 이름이 의미하듯이
Hun(훈: 흉노)족이 세운 나라로 확실시되며
수년여 전 헝가리의 수도인 부다페스트 중심가에서
Hun족의 유적이 발굴되었다.

중국의 변방에서 그렇게 강성했던 흉노
진시황마저 두렵게 만든 그들
어느 날 갑자기 중국 역사에서 홀연히 사라진 그들.

중국의 4대 미인 중 2번째로 등장하는 왕소군王昭君
그녀는 전한前漢 원제元帝 때 궁녀로 궁에 들어갔으나
자신의 초상화를 그리는 화공에게 줄 돈이 없는
가난한 처지였으므으로
화공의 농간으로 인해 추녀로 그려짐으로써
황제의 부름을 받을 기회조차 없었다.
당시 황제는 궁녀들의 그림을 보고서 선택했다고 한다.
당시 강성했던 흉노와의 화친정책으로
한漢나라는 매년 공물을 바쳤는데
이때 추녀인 줄 알았던 왕소군을 공물로 바치려던 漢 원제는
처음 접한 그녀의 뛰어난 미모에 아쉬움을 금치 못하게 된다.
왕소군은 남흉노의 선우(單于 : 흉노족의 군주 혹은 추장)에게
공물로 바쳐지는데 다시 돌아올 수 없는 변방의 먼 길을 떠나며
비파를 연주했다고 한다.
이때 하늘을 나는 기러기가 그녀의 뛰어난 미모를 보다가
날갯짓을 멈추는 바람에 떨어졌다고 해서
낙안落雁이라는 이야기를 남긴다.
이 왕소군은 선우의 지극한 사랑을 받았으며
그녀의 후예인 남흉노의 후손들이
지금의 동유럽으로 이동한 흉노족이라는 설이 있다.
만약 이 설이 맞는다면
훈족의 아틸라도 왕소군과 깊은 연관이 있는 셈이다.

5세기 초·중엽 전 유럽을 공포의 도가니로 몰아넣으며
게르만족의 대이동을 유발시킨
당시 유럽인들의 뇌리에 공포 그 자체로 각인된 아틸라.

그러던 것이 13세기 초
칭기즈칸成吉思汗에 의해 또 다른 공포를 맛보게 된다.
몽골군이 마치 지옥의 야차인 양 그들에게 인식되었다는 것이다.
당시 유럽인들이 얼마만한 공포심을 가졌는지
공포 그 자체 혹은 공포의 전설로 각인된 아틸라와 칭기즈칸.

동유럽 루마니아의 트란실바니아를 배경으로
영화의 주제로 자주 등장하는 드라큘라 이야기.
루마니아의 역사에
15세기 왈라키아 공국의 영주로서 '오스만 투르크' 제국을 물리친
영웅 '블라드 체페슈'의 이야기가 있다고 한다.
이 '블라드 체페슈'가 드라큘라 이야기의 모티브가 되었다고 한다.
그러나 일설에 의하면
드라큘라 이야기 모티브의 원조는
그들에게 마치 피를 마시는 지옥의 야차 같은 공포의 전설로 각인된
아틸라와 칭기즈칸이라는 것이다.

일본인이 가지고 있던 역사적인 사료를 바탕으로 한국인이 쓴

전10권 광개토대왕의 이야기를 읽은 적이 있다.
거기에는 광개토대왕의 휘하 장수와 일단의 군대가
돌아오지 않는 원정군으로서
지금의 시베리아 지방과 힌두쿠시 산맥을 넘어갔다는
이야기가 있다.

태국 북부의 산악지역에 사는 원주민 부락을
국내 방송사가 방문하여 취재한 방송을 본 적이 있다.
그들의 생김새도 옛 한국인의 얼굴과 비슷하려니와
특히 디딜방아는 한국의 그것과 거의 같은 것이라는데
이것은 어찌 된 일일까.

단군조선시대에 이미 존재한 문자로써
한글의 모태가 된 것으로 알려진 가림토 문자.
고조선 3대 단군인 '가륵' 단군이
B.C.2181년에 38자의 가림토 문자를 만들었으며
이것을 모방하여 28자의 훈민정음을 만들었다는 설이 있다.
현재는 사어死語가 되어 버린 4개의 문자를 제외하여
24자가 남은 것이다.
인도의 중서부 지방으로
지금은 북인도로 분류되는 구자라트 지방의 구자라트 문자 모양은
한글과 거의 같다는 것이다.

이 지역은 드라비다족의 후손들이 사는 지역인데
일설에 의하면
우리의 가림토 문자를 가져가 구자라트 문자가 되었다는 것이다.
참고로 간디도 구자라트주州 출신이다.

1세기 중엽 인도 아유타국의 공주로 배를 타고 가야로 건너와
가야국 김수로왕의 왕비가 되었다는 허황옥許黃玉
10명의 아들을 낳았는데
그 중 2명에게 그녀의 성 許를 주어 許씨의 시조가 된 그녀
허황옥은 타밀어를 쓴 것으로 알려져 있다.
가야라는 지명은 지금도 인도에 존재하지 않는가.
석가모니가 보리수 아래에서 깨달음을 얻은 장소로 알려진
보드가야 또는 부다가야로 불리는 곳.

경상도 지방의 언어에는
인도의 드라비다어족에 속하는 타밀어와
밀접한 연관이 있는 것으로 보인다.
예를 들면
궁둥이의 경상도 사투리인 '궁디'는
타밀어의 발음과 거의 흡사하며 의미가 동일하다는 것이다.
계집아이의 함경도 사투리인 '간나'
그리고 과거 계집아이 이름의 대명사인 '간난이'는

타밀어의 '간나니'와 발음과 의미가 또한 같다는 것이다.

함경도 사투리의 뿌리는 사실
경상도 사투리에서 출발한 것으로 알고 있다.
그것은 신라가 삼국을 통일한 직후
변방이 된 함경도 지방에 백성들을 이주시킨
사민정책徙民政策을 행했는데
그때 많은 이들이 함경도로 이주했다.

쌀(밥)을 의미하는 경상도 발음인 '살'은
타밀어에서는 '쏘루'라고 한다는데
우리나라의 한 학자가 취재차
인도의 타밀지방을 방문하여
타밀어를 사용하는 사람과 대화하는 방송을 본 적이 있다.
그들은 틀림없이 '살'이라고 발음했다.
의미는 역시 쌀이다.
부산지역을 기점으로 한 경상도 일부 남부지방 사람들은
'ㅆ' 발음을 잘 못해 놀림감이 되기도 하는데
아마도 과거 남부지역에 살았던 우리의 조상들이
위의 '살'과 같은 단어에서 유래된 타밀어와의 연관성에
그 이유가 있지 않을까 추정해 본다.

1995년에 인도에서 제작된 타밀 영화 중에
'춤추는 무뚜(원제 : Muthu)'라는 영화가 있다.
그 영화의 대화 중에 나오는
지금의 한국어와 같거나 유사한 여러 단어들이 있었는데
그 중 일부를 소개하고자 한다.

1) 타밀어로 '엄마', '아빠'라는 말이 자주 나오는데
   한국어의 엄마, 아빠와 발음과 의미가 동일하다는 것이다
2) 남자주인공인 '무뚜'와 그의 주인의 대화 중에
   고개를 끄덕이며 수긍을 의미할 때 쓰는 의미인 '그래'
   혹은 '맞아'라는 뜻으로 '아마, 아마'라고 발음했다.
   이것은 경상도 일부지역 사투리의 '그래' 혹은 '맞아'라는
   의미인 '하모, 하모'와 억양이나 발음에 있어 아주 흡사하게
   들렸다.
3) 집안의 하인들끼리 나누는 대화 중에
   '그게 나다' 할 때의 '나다'는 '나당' 혹은 거의 '나다'와
   같은 발음이었다. 물론 의미는 같다.
4) 남자 주인공인 '무뚜'와 여주인공 '란가'가
   바로 뒤에서 추격하는 자들을 피해 마차를 몰고
   도망가는 장면에서
   무뚜가 등에 떨어진 코브라를 뭔지도 모르고
   손에 무심코 쥐고 추격자들에게 휘두르는 장면이 나온다.
   잠시 후 무뚜의 손에 쥐어진 뱀을 본 란가가 기겁을 하면서

뱀을 내버리라고 소리치는데
"바~ 바~, 배앰 버려~, 배앰 버려~"라고 했다.
한글식으로 바꾼다면
"봐~ 봐~, 뱀 버려~, 뱀 버려~"가 된다.

이 정도면 타밀어와 한국어의 깊은 연관성이 있지 않을까 싶다.

37 아! 고구려! : 대련大連에서

영어식 표기 및 발음으로 'Dalian(달리안)'으로도 불리며
현재의 중국식 발음으로 '따렌'으로 불리는 대련.
이곳은 위도 북위 39도 이상에 위치해 있음에도
해양성 기후로 인해
겨울에는 혹한이 없고 여름에도 혹서가 없는
사계절이 뚜렷한 지역이다.
1월 초 영하 15도 이하의 날씨에 있어 보았지만
공기가 습하지 않은 관계로 그렇게 매섭게 춥다고는 느끼지 못했다.
요동반도 남단에 위치한 요녕(랴오닝)성의 항구도시로서
지금은 중국 북동부의 교역에 있어
중요한 창구 역할을 하는 곳이다.

그러나 과거에는 고구려의 영토로써

중국의 여러 제국과 접경하며 그들과 자웅을 겨루던 곳으로
당나라에 의해 멸망하기까지
지금의 발해만을 앞에 두고 있던 우리의 고토古土
고구려의 옛 땅 비사성이 있던 곳이다.

이곳에서 북쪽으로 조금만 올라가면
당唐이 고구려를 넘지 못했던
양만춘이 성주로 있던 안시성을 비롯한
고구려의 여러 성들이 있을 것이다.
비사성 아니 지금은 중국의 따롄.
중국 대륙의 관문이자
만리장성이 시작되는 지점인 산해관山海關에서 멀지 않은 곳.

만약 신라가 삼국을 통일하지 않았더라면
그리하여 고구려가 삼국통일을 이루었더라면…
만주라고 불리던
그러나 지금은 온전히 중국의 땅이 되어 버린
흑룡강(헤이룽장)성, 길림(지린)성, 요녕(랴오닝)성 등
혹시 미래에 발생할지 모를 영토에 대한 분쟁의 소지를 줄이고자
중국이 진행해 오고 있는 동북공정이란 프로젝트
그 넓은 땅이 그들의 땅으로 남게 되지는 않았을지도 모를 일.

또한 이웃의 섬나라인 일본으로부터의 침략과 식민지로 전락하는
수치의 날들은 없었을지도 모를 일.
그리하여 우리가 이렇게 좁고 산악이 대부분인 반도에 갇혀
서로 아옹다옹하지 않고 드넓은 가슴으로 대륙으로의 웅지를
펼칠 수 있었을 것을.

이 넓은 땅을 어떻게 하다가 뺏기게 됐나.

과연 김유신은 영웅인가?
김춘추는 또한 영웅인가?
그들은 신라의 영웅인가?
唐의 영웅인가?
외세唐를 빌려
작디작은 영토에 만족한 그들의 삼국통일을 이룬 대가로
후대의 우리 후손들은 광활한 영토와 아울러 웅지를 펼 수 있는
넓은 가슴을 스스로 절단해 내는 결과를 초래했으니….

지금의 우리들은 또한 어떠한가?
일제강점기 때
일제에 동조하여
식민사관에 물들어 민족정신을 버린 얼빠진 사학자들과
그에 동조한 관료들이 조장하여 해방 이후 최근에까지도

여전히 사용되었던 엽전이니 냄비근성 등의 단어.
우리 민족의 정신을 깎아내리며
우리 스스로의 자존을 버리게 만드는 그러한 단어들을
사회지도층이란 자들이 먼저 스스럼없이 사용했다.
그러한 단어들의 일상적인 사용으로 인해
일반 백성들의 뇌리 속에 열등의식과
패배의식을 심어 주었던 몹쓸 그들.
더하여 그들이 식민사관에 바탕을 두고 부른 통일신라라는 말.

어째서 통일신라란 말인가?
신라가 삼국을 통일한 것만은 명확한 사실이다.
그러나 그것을 넘어
고구려의 옛 땅에 고구려의 후예가 세운 발해가 엄연히 존재했으며
이들은 지금의 러시아 연해주 지방을 포함하는
드넓은 국토를 가진 동북방의 강자로서
15대 220년간 존재했던 나라이다.
그리하여 지금도 중국 동북방의 바다는
여전히 발해만으로 불리고 있지 않은가.
발해는 틀림없이 한민족의 역사인데
그렇다면 통일신라시대가 아닌
남(신라) · 북국(발해)시대로 불려야 옳지 않겠는가?
우리 스스로

우리의 옛 땅과 역사를 버리려 함인가.
개탄할 일이다.

고구려!
아!
고구려의 영광이여!

38 세상의 중심, 세상의 주인

너는 누구인가?
나는
이 세상의 중심이자
이 세상의 주인이다.

1억 5천만Km나 떨어져 있으나 한시도 쉬지 않고
지구상의 모든 생명체에게 빛과 생명력의 근원으로서
에너지를 주는 태양.
그 무한한 생명력의 근원인 태양이 오로지 나를 위해 존재하는데
내가 세상의 주인이 아니며 또한 세상의 중심이 아니겠는가.

어디 태양뿐이랴.
매일 매일이 나를 위해 존재하며

저 달은 어떠하며
저 바다
주위의 모든 자연들
동물
식물
보이는 것
보이지 않는 것
공기
물 등등…

이 세상에 존재하는 유형무형의 이 모든 것들이
오로지 나를 위해서 존재하는데
어느 누가 감히 내가 세상의 주인이 아니라고 할 것인가.

이 세상에 존재하는 유형무형의 이 모든 것들이
나를 중심으로 돌아가는데
어느 누가 감히 내가 세상의 중심이 아니라고 할 것인가.

나는 이 세상의 주인으로서 값으로는 결코 따질 수 없는
이 모든 것들을 단 한 푼의 돈도 지불하지 않는 채 소유하고 있는데
어느 누가 감히 나를 이 세상의 주인이자
이 세상 최고의 거부라 부르지 않겠는가.

사실이 이러한데
본인은 진정 본인을 자각하지 못하여
매일 쪼들리는 가난하고도 가난한 머물 곳 없는 거지의 심성으로
가진 것이 없다고 가진 것이 적다고
돈이 없다고 돈이 적다고
명예가 없다고 명예가 작다고
권력이 없다고 권력이 작다고
오만 가지의 불평불만과
오만 가지의 집착과
오만 가지의 번뇌로 자신을 괴롭히는가.

거지의 심성으로 거지의 심성을 가진 자들을 부러워하며
자신 또한 큰 거지가 되기를 바라며
큰 거지 되지 못함을 못내 아쉬워하는 것인가.
진정 세상의 주인인 자신을 자각하지 못한 채….

너는 이 세상의 중심이자
이 세상의 주인이다.
너 자신을 찾으라.
너 자신을 보라.
본래의 자신을.

39 왜 모르는가?

마음이 무엇입니까?
부처가 무엇입니까?
뜰 앞의 잣나무다
똥 막대기다
등등 무어라 하든지 입을 여는 순간
혹은 입을 열지 않았다 하더라도
이미 그 뜻을 한참 벗어나 있다고 큰스님은 말씀하셨다.

난장의 장사치들은
아무런 말도 없이
아무런 글도 없이
단지 손가락 하나
혹은 눈짓 하나로도

그들이 전하고자 하는 의미를 충분히 전한다.
그리하여 그들 사이에서는 그것이 무엇을 의미하는지
무엇을 전달하고자 하는지 충분히 넘칠 만큼 알고도 남는다.

법(진리)도 이러할 것이다.
우리 주위에는 무수히 많은 것들이 항상 진리를 보여주고 있다.
그것은 자연일 수도 있고
자연의 섭리일 수도 있다.
유형의 것일 수도 있고
무형의 것일 수도 있다.
손으로 만져지는 것일 수도 있고
만져지지 않는 것일 수도 있다.

장사치들조차도
매일
매 시
매 분
매 초
행하는 이런 간단하고 기본적인 이치를

왜,
그 이치를 모른단 말인가?

왜,
가슴에 와 닿지 않는단 말인가?

왜,
깨우치지 못한단 말인가?

왜,
우리는 모른단 말인가?

40 여명

여명이 어둠을 밀어내고 그 여린 빛을 서서히 드러냄은
어둠이 물러감인가
밝음이 들어오는 것인가.

새벽이 왔음을 알리며 이리저리 날갯짓하며
지저귀는 새들의 합창은
새들이 깬 것인가,
날이 깬 것인가.

새벽 미풍에 흔들리는 나뭇잎새는
나무가 흔들리는 것인가
바람이 흔들리는 것인가.

바람에 실려 오는 산사의 새벽 예불 소리는
승려의 염원인가
상구보리 하화중생의 보살의 마음인가.

어둠이 가든
새벽이 오든
새들의 날갯짓이든
바람에 흔들리는 나뭇잎새든
산사의 새벽 예불 소리든
그것이 그들의 소리이며 움직임인가,
내 마음의 오고 감이며
내 마음의 소리이며 움직임인가.

41 인욕, 무욕

허공에 칼을 그으니
그 칼이 허공을 상처 낼 수 없으며

물에 명검으로 칼을 그으나
물은 그대로일세.

무한한 욕심의 붓으로 허공에 무한히 그려댄들
허공은 또한 그대로일세.

내 마음 또한 허공과 물과 같으면
지극한 인욕忍辱과 무욕無慾이 이보다 더하리오.

42 진여眞如 : 마음자리

마음이란 무엇입니까?
마음이란
벙어리의 꿈과 같아 말로써는 설명이 되지 않는 것이라고 했다.
생각으로써 아는 것이 아니라
있는 그 자체라고 했다.

네가 춥고 더움을 아는 것은
화두를 붙잡듯이 생각하고 생각해서 춥고 더움을 아는 것인가.
그것은
네가 생각하기도 전에 이미 네 피부가 감지하여
그냥 느끼고 아는 것이다.
마음자리란 이와 같은 것이 아닐까.

앎을 아는 것과
앎이 되는 것은 다르다.
앎을 아는 것은
단지 앎을 알 뿐이요
앎이 되는 것은
앎 그 자체이기 때문이다.

바람風은
바람일 뿐이다.
네가 바람 그 자체라면
굳이 바람에 대해 알려고도 생각할 필요도 없을 것이다.
바람이라는 자체의 문자도 필요 없을 것이며
바람이라는 것 자체의 생각도 일지 않을 것이다.
네가 바로 바람이기 때문에.

음식 이름만 줄줄 외워 댄다고
결코 배가 부를 수는 없다.
그 음식을 먹었을 때만 배가 부른 것이다.

평생을 숟가락으로 밥과 국을 먹으나
숟가락은 결코 맛을 알지 못한다.

약방문만 줄줄 왼다고
병이 나아지는 것이 아니다.
그 약을 먹었을 때만 병이 낫는 것이다.

경전만 줄줄 외워 댄다고
진여에 도달하는 것이 아닐 것이다.
경전을 떠나 본래 마음을 깨달을 때만 그것이 진여일 것이다.

경전은 단지 달을 가리키는 손가락일 뿐
손가락을 보지 말고 진여인 달을 깨달아야 한다고 했다.

찰나간에 깨우친 마음은 수천 년의 보배요
백 년의 삶 동안 깨우치지 못한 어리석은 생명은
찰나간에 재가 되고 말 것이다.

43 봄, 봄, 봄

봄!

봄!!

봄!!!

만물이 태동胎動하는 계절이다.

만물이 소생甦生하는 계절이다.

한겨울의 매서운 추위로 세상의 모든 것이 다 얼어붙어
꽃이라는 꽃은 다 시들어서
들이든 산이든 어디에서고 자취를 찾을 수 없고
나무는 앙상한 가지만 남긴 채 죽은 것인지 산 것인지
메마른 껍질만 만져지고
땅은 꽁꽁 얼어붙어 어디에서고 생명의 흔적을 찾을 수 없는
동토의 삭막함만 느껴지고

더하여 다시는 생명을 볼 수 없을 것 같은
다시는 아지랑이를 볼 수 없을 것 같은
두려움마저 느끼게 한다.
그 두꺼운 짐승의 털가죽을 걸치고
한점 바람이 들어올세라 짐승의 털로 목까지 칭칭 동여매고
게다가 짐승의 가죽으로 손까지 덮어 버린 그 사이를 비집고
과연 봄은 찾아올 것인가.

이런 중에도 봄을 애타게 기다려온 몇몇의 개나리이거나
몇몇의 꽃들은 겨울의 심술이 며칠 잠잠한 새
봄이려나 싶어 삐죽이 얼굴을 내밀었다가는
호된 원래의 겨울을 대하고는
소스라치게 놀라 자라목을 하고 만다.

그러나 언제 어디서 왔는지 모를
따스한 기운이 대지를 스치고 지나가면
어디에 있었는지 모를 생명들이 여기저기서 움튼다.
아니 보다 정확하게 말해서
냉혹한 겨울 속에서
끊어질 듯 끊어질 듯 이어지는 숨을 놓지 않고
근근이 이어가며 때를 기다리고 있던 모든 생명들이 움트는 것이다.

자연은 이러하다.
자연은 어김이 없다.
차가운 얼굴 속의 저편에
따스함이 깃들어 있었던 것이다.
매섭도록 차가운 겨울 속에
따스하고 은근한 봄을 잉태하고 있었던 것이다.
자연은 이러하다.
역사도 이러할 것이라 생각한다.

동·서양의 역사를 통틀어
현재까지 그 영토를 가장 크게 확장했던 몽골의 원元제국.
그들이 휩쓸고 지나간 말발굽 아래
모든 동·서양의 나라는 들판의 풀처럼 힘없이 스러지고
국가가 사라지는 위기를 겪었다.
그러한 때
동북아의 고려제국 또한 바람 앞의 촛불이었다.
전 세계를 쓰러뜨린 몽골의 막강한 무력에 대항해
힘으로는 그들을 결코 이길 수 없는
국가 존망의 위급상황에 처한 것이다.
결국 고려제국은 원에 항복하였으나
그럼에도 굴하지 않고
국가의 자존을 지키려고

끝까지 죽음으로 항쟁했던 삼별초라는 집단이 있었다.
혹자는 그들이 최씨 무신정권의 사병이었다고
깎아내리는 이들도 있으나 그렇게만 볼 수는 없을 것이다.
결국 고려제국은 그들의 지배를 받으며 많은 수모를 겪었으되
다른 여느 국가와 같이 국가 자체가 사라지는 일은 겪지 않았다.

조선 선조 때
임진왜란으로 왜놈들에 의해 온 국토와 백성들이
처참히도 갈가리 찢기고 찢겨 봉합이 힘들 것 같은
국가 존망의 위기상황에서
각지에서 수많은 백성들이 분연히 일어나
목숨을 초개같이 버리며 나라를 구하려고 노력했다.

이러한 일을 겪은 지 채 40년도 되지 않은 인조 때
만주족이 세운 청이라는 또 다른 이민족의 침략에 의해
역사상 전무후무하게 임금이 무릎을 꿇고 머리를 조아리는
삼전도의 굴욕이라 불리는 일까지 겪게 되는 것이다.
이러한 일이 있은 후
봉림대군으로 불리며
형인 소현세자와 함께 청에 볼모로 끌려가 있던 후의 효종은
굴욕을 씻기 위하여 북벌을 준비하였으나
국제정세와 국가재정의 부족으로 꿈을 이루지는 못했다.

그리고 2백 수십여 년이 흐른 후
조선이 제국주의 각국들의 각축장으로 전락하게 되는 19세기 말
일본정부가 사주한 일인日人 자객들이
조선의 황제가 거주하는 구중궁궐을 난장판으로 만들며
조선의 국모인 명성황후를 시해하는 역사상 또한 전무후무한
너무도 어이없으며 감히 상상할 수도 없는 일을 겪게 된다.
이러한 일이 있은 후 오래지 않아
일본은 제국주의의 깃발 아래 대한제국을 병탄하게 된다.
수많은 우국 · 애국지사가 그들의 몸을 던졌지만
반면에 이 틈을 이용하여 일신의 영달을 꾀한 매국노와
부역자와 같은 천고에 용서받지 못할 기회주의자들이 있었으니…
이러하니 나라가 망하는 것을 어찌 할 수 있었겠는가.
이들의 협조와 일제의 강권으로 조선왕조는 멸망하고
일제에 의해 36년간의 또 다른 인고의 세월을 겪게 된다.

봄은 오는 것인가?
봄은 진정 올 것인가?
비록 우리 스스로의 힘으로 이룬 독립은 아니었지만
드디어 모든 고통의 세월이 끝나는가 했다.
그러나 아직은 아닌가 보다.

이제는 이념이라는 전혀 생소한

눈에 드러나 보이지 않는
새로운 적이 나타나 동족 간에 서로 죽이고 죽는
그것도 수백만이라는 사상자를 내는 또 다른 국면을 맞게 된다.

한국전쟁이 끝나고 한국을 방문한 맥아더는
이 나라는 아마 100년 내에는 희망이 없을 것이라 말했다고 한다.
그러나 1960~1970년대
비록 개발독재시대라 부르기는 하나
우리는 한강의 기적이라 불리는 신조어를 만들며
전 세계의 산업역사에서 전무한 급속한 산업성장을 이루었다.

21세기 초입에 들어선 지금
현재의 대한민국은 과거와는 엄청나게 다른 위상을 가지고 있다.
우리는 세계 최고의 IT 강국이 되었으며
경제 규모로는 세계 15위권 내에 들어 있는
전 세계 어느 나라도 쉽사리 무시할 수 없는
나름대로의 경제 강국이 되었다.

철망을 서로 마주하며
한반도가 반으로 두 동강이 난 지도 어언 반세기를 훌쩍 넘겼다.
그럼에도 아직도 우리는 분단국가로, 분단민족으로
민족통일이라는 염원을 이루지 못하고 있다.

일제가 한반도를 침탈하기 전前인
대한제국 시절의 온전한 한반도.
100여 년의 세월이 흘렀는데도
아직도 완전한 땅이 되지 못하고 있다.

봄은 언제 올 것인가?
그 봄이 기다려진다.
그때 우리는 저 넓은 대륙으로
고구려의 웅혼한 기상을 가슴에 가득 담고 다시금 되새기며
저 넓디넓은 대륙을 건너
이베리아 반도까지 거침없이 달려가
이제는 대서양의 바닷물로 손을 적시게 되리라.
그 봄이 기다려진다.

봄!
봄!!
봄!!!